13歳からの仏教塾

臨済宗全生庵住職
平井正修

13sai karano
BUKKYO-JYUKU

はじめに
「生きること」に悩んでいるすべての人へ

人はなぜ生きるのか？

なぜ、自分は生まれてきたのか？
自分が生きていることに、いったいどんな意味や目的があるのか？
本当の自分とは、なんなのか？

そうしたことを一度も考えたことがないという人は、おそらくいないでしょう。**人間として生きていれば、誰もが、どこかで必ずぶつかる疑問です。**また、簡単には答えが出ない疑問です。それもそのはず、人間は何千年も、何万年も、ずっとそのことを考え続けてきて、いまも考え続けているのですから。その歴史の中から、哲学や、文学や、芸術や、宗教なども生まれてきました。

何歳になっても、生きているかぎり、そうした疑問はついてまわるものですが、とくに13歳ぐらいになると、それを自覚的に意識し始めるようになるのではないでしょうか。それはおそらく、社会や世間、他者といったものを意識し始めることと関係しているのだと思います。

そのうえで、**なんのために生まれてきたのか、生きているのかという疑問に答えるとしたら、「なんのためでもない」ということになるでしょう。**

その答えを聞いて、「なんだよ、それ」と、怒る人がいるかもしれません。でも、私はふざけているわけでも、ごまかしているわけでもありません。大まじめに答えています。

生まれようと思って、生まれた人はいない

そもそも、あなたは自分で生まれたいと思って、この世に生まれてきたわけではありません。いいえ、それはあなただけのことではなく、**この世の中に自分が生まれたいと思って生まれてきた人間など一人もいません。**人間どころか、少なくともいま地球上に生きているすべての生命というものは、生まれようと思って生まれてきたものはひとつもありません。人間も、動物も、植物も、みんなそうです。そう考えると、「なんのためでもない」

と答えざるをえないのです。

春になると、道ばたにはタンポポの花が咲き、夏になると、セミが木の上で鳴いています。あの花や虫たちは、ただ1輪の花として咲き、1匹の虫として鳴き、与えられた〝いのち〟を一所懸命に生きています。そこには、なんのためということはありません。**人間もまた、ひとつのいのちとしてそこにあるだけで、なにかのために生まれてこなければいけない理由などありません。**

ただ、ひとついえることは、少なくともあなたは、お父さんやお母さんがいなければ生まれてこなかったということです。さらに、あなたのお父さんやお母さんは、そのまたお父さんやお母さんがいなければ生まれませんでした。**あなたは、そうしたいのちの長いつながりのはてに生まれてきたのです。**それだけは、覚えておいてほしいと思います。

仏教には人生の悩みを解決するヒントがいっぱい

私は、東京の谷中《やなか》というところにある全生庵《ぜんしょうあん》というお寺の住職《じゅうしょく》をしています。私のお寺は、仏教の中でも、禅宗《ぜんしゅう》と呼ばれる宗派《しゅうは》です。「禅とは何か」という問いに答えるのはとても難しいことですが、**禅宗は坐禅《ざぜん》をとおして悟《さと》りを開くことを根源的な目標とする宗派です。**

なぜ、坐禅なのかといえば、仏教を始めた人として知られているお釈迦《しゃか》さまが、インドにある菩《ぼ》提樹《だいじゅ》の木の下で坐禅をして開いた悟りを、自分たち自身で追体験しようという思いがあるからです。禅宗はインドから中国に伝わったことで大成し、鎌倉時代に中国から日本に伝えられました。

禅宗のおおもとである仏教は、いまから約2500年前にインドでお釈迦さまによって始まり、そこから長い歴史を刻んできました。その歴史の中で、冒頭に掲げたような疑問をえんえんと考えてきました。ですから、**仏教には、そうした疑問について考えるための智慧《ちえ》がたくさんあります。**

また、日本に仏教が伝えられてから、およそ1500年になります。最初は外来の宗教としてスタートした日本の仏教ですが、この間に日本人の心の中にしっかりと根を張ってきました。いまの若いみなさんは仏教と聞くと、なにか自分には縁遠いものと感じてしまうかもしれませんが、**私たちの暮らしや文化の中には、もともと仏教から始まったものが、いまも数多くあります。**

そうした智慧や歴史に少しでも触れていただきたいという願いを込めて、この本を書きました。ふだん悩んでいること、疑問に思っていることを自分なりに考えるためのヒントにしていただけたらと思います。

目次

第1章

私たちはなんのために生き、なぜ死ななくてはならないのか

第2章

「本当の自分」とは、どういうものなのか

第3章

悩んでばかりの毎日。どうしてうまくいかないのだろう

第4章 「みんながいっていること」の本当の意味を知りたい

第5章 仏教でよく聞く言葉には、どんな意味があるのだろう

第6章 そもそも仏教とは、どういう宗教なのですか？

第8章 私たちの暮らしの中に根づいている仏教

第9章 お寺に関する疑問、教えてくれませんか？

第10章 お坊さんは毎日、どんな生活をしているのだろう

第11章 お坊さんになるためにはどんな修行が必要なのか

装幀　村橋雅之
企画プロデュース　岩下賢作
編集協力　大湊一昭
イラスト　堀江篤史

第1章

私たちは
なんのために生き、
なぜ死ななくては
ならないのか

生きていることに、どんな価値があるのですか？

答えるのが、とても難しい問題です。

なぜ、難しいのか？　それは、**生きることの価値を測る〝ものさし〟や〝はかり〟がないからです。**何を基準にして価値といったらいいのかわからないからです。

もしもお金で価値を測れるとしたら、それは簡単なことかもしれません。あなたは５００円だけれど、友だちのケンちゃんは８００円だというように。でも、いったいあなたの何が５００円で、ケンちゃんの何が８００円なのでしょうか。そんなこと、わかるはずがありません。

そもそも、**価値というものは、それだけあいまいなものなのです。**たとえば、あなたが鉄道ファンだとします。いろいろなところに出かけて行って、電車の写真を撮るのが好きなら、撮った写真はあなたにとってはとても価値のあるものに違いありません。でも、鉄道にまったく興味がない人にとっては、その写真はただ電車が写っているだけのなんの価値もないものです。

それと同じことで、**結局、自分が生きていることの価値、自分の価値というものは自分**

で納得するしかないものです。 でも、人間は、なかなか自分で自分のことを納得できない存在です。ですから、まわりの人が自分をどう見ているのか、つい他人の目に頼りがちです。人にほめられると、なんだか自分は価値がある人間だと思ったり、逆に人にけなされると、自分の価値が下がったように感じてしまいます。でも、本来、自分の価値というものは、人にほめられたからといって上がるものでもないし、人にけなされたからといって下がるものでもありません。

しかし、自分が生きていることの価値を知りたいという気持ちは、とてもよくわかります。ですから、こう考えてみてはどうでしょうか。

どんな価値があるのかはわからないけれど、生きていることそれ自体に価値がある、すべての人やものに価値がある、と。

お釈迦さまは、生まれたときに7歩歩いて、右手で天を指し、左手で地を指し、「天上《てんじょう》天《てん》下《が》唯《ゆい》我《が》独尊《どくそん》」と言ったとされています。これは、世の中のすべてのものが尊くて、価値があるものだという意味です。あなたがあなたであること、そのあなたが生きているということ、それだけで価値のあるものなのです。

ただ生きているだけで、人には価値があるのです。

私たちは、どこから来たのでしょうか？

正直にいえば、私たちがどこから来たのか、私にはわかりません。

ただ、自然界を眺めれば、なにかが死ぬと土に還り、その養分を吸って植物が育ち、それを動物たちが食べて……という、生命の循環やつながりのようなものがあります。そうしたことについて考えるのも、ひとつのヒントになるかもしれません。

仏教には、「三世《さんぜ》」という言葉があります。それは前世《ぜんせ》、現世《げんせ》、来世《らいせ》の三つを表わしています。

前世とは、いま生きている人が生まれる前に送った過去の一生です。現世とは、いままさに生きている現在の一生です。そして来世とは、あなたが死んだ後でそこへ行くことになっている未来の一生です。こうした捉えかたから、「三世」というものは時間の流れを表わしていることがわかります。

時間は、とどまることがありません。はるかな過去から続いてきて、いまという瞬間があり、ひたすら未来に向かって流れ続けます。おそらく私たちのいのちも、そんな時間に乗ってどこかからやってきて、いまを生き、未来に向かって行くものではないでしょうか。

ですから、**「どこから来たのか」と問われたら、「過去（前世）から来た」としか答えようがありません。**

そもそも、お釈迦さまは、前世についてはほとんど触れていません。それは前世について考えても、しょせん、わからないものだという思いがあったからではないでしょうか。前世にとらわれるあまり、自分のことを不幸だと悲しんだり、生きる気力を失ったりしていたのでは、現世を生きる意味がありません。そうしたことにならないためにも、前世については触れなかったのではないかと思われます。

自分がどこから来たのか、前世はどんな存在だったのか、もしわかるものなら知りたいという気持ちは、私にもあります。でも、かりにそれがわかったからといって、どうなるものでもありません。前世を生き直すことも、それを変えることもできないのですから、知ってどうなるのだということもいえます。

私たちにできることは、過去にとらわれずに、いまを大切にして全力で生きることです。どこから来たのかわからなくても、いまを真剣に生きることはできるのではないでしょうか。

どうして、死ななければならないのでしょうか？

おそらく、みなさんはふだん、死というものを意識することなく暮らしているでしょう。まるで、いつまでも生きているかのように思っているかもしれません。

でも、たとえばお父さんやお母さんが亡くなったり、おじいちゃんやおばあちゃんが亡くなったりしたときに、悲しい気持ちとともに、どうして人は死ななくてはならないのだろう、なぜいつまでも生きていられないのだろうと考えることがあると思います。とくに、科学や医学がこれだけ進歩して、生命の仕組みや病気の治療法がどんどん明らかになってきたのに、それでも人が死ななくてはならないのはなぜだろうと、不思議に思うかもしれません。

どうして人が死ななくてはならないのかはわかりませんが、残念ながら**この世の中には死なないものはありません。**科学や医学がどんなに進歩しても、少なくてもいまの時点では、人は寿命や病気で亡くなるし、あるいは事故や災害に見舞われて、突然、死んでしまいます。

いや、生きものだけに限りません。すべての形あるものは、いつか、やがて壊れてしまいます。あなたが子どものころに遊んだおもちゃやゲームだって、壊れて動かなくなったものがいくつもあるでしょう。

でも、いのちは限りがあるからこそ、かえって尊い、貴重なものだといえるのではないでしょうか。**死があるからこそ、生きていることがすばらしく感じられる。**むしろ逆に、いつまでも死ななかったとしたらどうでしょうか。肉体はどんどん衰えてきて、食べることも、立って歩くこともできなくなったのに、**いつまでも死なないで生き続けなければならないとしたら、それは死ぬことよりもつらいことかもしれません。**

お釈迦さまは、生まれることも、老いることも、病気にかかることも、死ぬことも、すべては「苦」だとおっしゃいました。この苦しみとは、お腹が痛いとか、のどが苦しいという肉体的な意味での苦しさではありません。「自分の思いどおりにならない」という意味での苦しみです。

どんなに死にたくないと思っても、いのちあるもの、形あるものの宿命《しゅくめい》として、私たちは死を避けることができません。死にたくなければ生まれてこなければいいのですが、それは私たちに選ぶことができないものです。

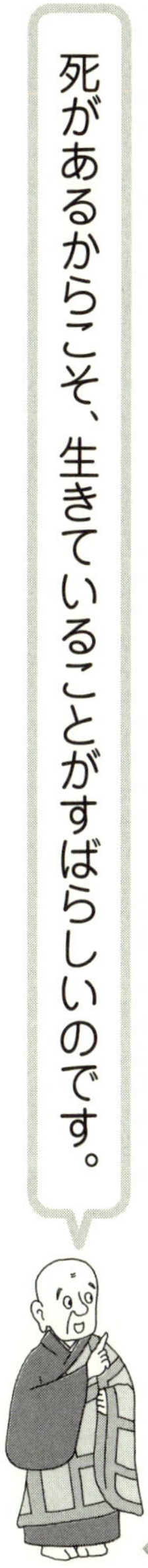
死があるからこそ、生きていることがすばらしいのです。

死ぬことが怖いのは、どうしてですか？

遊びでも、運動でも、なんでもいいのですが、あなたはそれまで経験したことがないことをやらなければいけないときに、どんな気持ちになりますか。

「やったことがないから、おもしろい」

そういう勇敢な人もいるでしょうが、普通は、怖くなったり、ものすごく緊張したりするものです。

死ぬことが怖いのも、それと同じことです。

それまで一度も死んだことがないわけですから、自分が死ぬということがどういうことなのかわかりません。

また、死ぬ瞬間がどういうものなのか、たとえばすごく痛いのか、すごく苦しいのか、それとも気持ちのいいものなのか、安らかなものなのか。

こうしたことは、一度死んでから生き返った人がいないわけですから、誰も教えてくれる人はいません。

だから、**死ぬということがどういうことなのかわからなくて、それで怖くなってしまう**

のだと思います。

でも、その恐怖感は、人としてきわめて正常な感覚です。

「死ぬことなんか、全然、怖くない」

こんなことを言う人がいたら、それは嘘をついているか、ただ強がっているだけだと思います。

人間、誰しも死ぬことは怖いのでしょうが、若い人よりも、年を取った人のほうがより恐怖を感じるのではないでしょうか。

というのも、若い人よりも年を取った人のほうが、現実として死に近いわけですから、より恐怖を感じても不思議ではありません。

ですから、年を取った人ほど、「まだ死にたくない」と言いたくなる気持ちもわかります。

人間はいつまでも生きているわけにはいかないのですから、引き際が大事だという人もいます。

いずれにしろ、できれば**いつまでも死にたくないと思うのは、生きている人間にとっての正直な気持ち**ではないでしょうか。

死は経験したことがないから怖いのです。

死んだら、どうなるのですか？　すべて終わりですか？

お釈迦さまは、死後の世界（あの世、来世）については誰も経験したことがないことなので考えても仕方がないといって、それについては語らないという立場をとりました（これを「無記《むき》」といいます）。

いま、生きている人の中で、死んだことがある人はいません。一度死んで、生き返った人がいれば、その人に死んだらどうなるのか話を聞くことができますが、そういう人はいません。つまり、**人は死を経験することができないのですから、死後の世界について考えてもどうしようもありません。**それよりも、いまをしっかり生きることのほうが重要だと、お釈迦さまは言いました。

肉体的には、人にとって死は間違いなく終わりを意味しています。しかし、その人自身の思いや、まわりの人がその人に対して抱いていた思いというものは生き続けると、私は考えています。

私は25歳の時に父親を亡くしましたが、いまでもあなたのお父さんには世話になったといってくださる方がいます。それは、その方の中に、父の思い出が生きているということです。

また、私自身の中にも、子どものころから父に言われたことが、いまも血となり、肉となって生き続けています。私がなにかをしようとするときには、そうした言葉や思いが、なにかしらの影響を与えています。

そうしたことを考えると、**人間には肉体的な死はあっても、その思いは生き続けるのだと思います。**ですから、死んだからといって、それですべてが終わりというわけではないでしょう。

どうせ死んだら終わりだから、人に迷惑をかけようが、不快な思いをさせようが、自分の好き勝手に生きようと考えている人がいるかもしれません。

でも、**その人の肉体は滅びても、その人に対する人々の思いは消えることがない**のですから、「あいつはひどいやつだった」という評価が長く残ることになります。

ですから、自分が死んだらすべて終わりだなどという考えは持たないほうがいいでしょう。それは、人の思いがいつまでも生き続けるということを知らない、無知で、ケチな考えです。

肉体は滅びます。でも心や思いは残り続けるのです。

私のいのちは、私のものですか？

あなたのいのちは、あなたのものです。

ただし、ここで間違えないでほしいのですが、**あなたのいのちは、あなただけのものではありません。**

そもそも、私たちのなかには誰一人として、この世に生まれたくて生まれてきた人はいません。

つまり自分の意志や能力によって生まれてきたわけではなく、誰かによって、あるいは何かの力によって生まれてきた存在です。

この誰かとは、直接的には、あなたの両親です。

しかし、その両親も、そのまた両親から生まれたわけで、そうやってどんどんさかのぼっていけば、あなたを生んだのは、あなたのご先祖さまということになります。ですから、あなたのいのちは、親をはじめとするご先祖さまのものだともいえます。

また、人類が誕生したのはいまから５００万年前とも、６００万年前ともいわれていますが、われわれの直接の祖先とされる新人類が誕生したのは、約20万年前のことです。そこから現代まで、人間としてのいのちがえんえんとつながってきました。**そのひとつが、偶然にもあなたという一人の肉体に宿ったのです。**

その間に、ほんの少しでも条件が違っていれば、たとえば20代前の先祖が、狩りの途中でガケから落ちて亡くなっていれば、少なくてもいまのあなたは生まれてこなかったでしょう。

あなたが、いまここであなたであるということは、一種の奇跡なのです。そうした奇跡を生み出すような不思議な力を、仏教では「縁《えん》」と呼んでいます。縁という不思議な力が働いたから、あなたはいまここにいるのです。その意味では、あなたのいのちは縁のものだともいえます。

あなたのいのちはあなたのものですが、決してあなただけのものではないということの意味がおわかりいただけたでしょうか。

できれば、**いのちを所有物（私のもの）のようにとらえるのではなく、むしろご先祖さまや縁という不思議な力からの借りもの、預かりものと考え、それを大切にする**ことを考えてみてはどうでしょうか。

あなたのものですが、あなただけのものではありません。

自殺は、どうしていけないのですか？

生きているうちに自殺したいと一度くらいは考えたことのある人は、少なくないと思います。その人たちがすべて実際に自殺するわけではありませんが、それでも日本だけで年間3万人近い方々が、自らいのちを絶っています。

私は寺の住職ですから、自殺された方の葬儀をつとめることがあります。どのような亡くなりかたをした人であれ、残された親族や縁者にとっては悲しいできごとですが、とくに自殺は残された人の心に大きな傷を残してしまいます。

自殺したのが子どもであれば、その親は「どうして自分の子どもが自殺したのか」と、一生を悔いて、悔いて、悔いて生きていかなければならなくなります。そんな場面を拝見するにつけ、残された人たちがかわいそうでなりません。

あなたのいのちはあなたのものでありながら、あなただけのものではないと先ほど述べましたが、**100パーセント自分のものではないいのちを勝手に自分で絶つことは、やはり大きなあやまちだと思います。**

現実問題として、私たちは一人だけで生きていくことはできません。多くの人たちに支えられながら生きています。

せっかく支えてもらっているわけですから、その人たちを悲しませたり、迷惑をかけたりしないほうがいいに決まっています。そう、思いませんか。

もし、自殺したいと思ったら、あなたの中のどこがそう思っているのか、一度考えてみてください。死にたいと思っているのは、頭の中だけではありませんか。手、足、心臓、胃、腸、目、耳など、頭の中以外のすべてのものは、死にたいなんてひとこともいわずに、ただ一所懸命にあなたのために働いているのではありませんか。**あなたの頭は死にたいのかもしれませんが、それ以外のすべては生きたいのです。**

ですから、**自殺というのは、そんな彼らを、つまりは自分自身の身体を裏切ることでもあります。**裏切りがいけないことだというのは、わかりますよね。

仏教には信者が守るべきルールとして、五つの戒《いまし》め（五戒《ごかい》）があります。そのひとつが、生きもののいのちを奪ってはならないという「不殺生戒《ふせっしょうかい》」です。この生きものの中には当然、自分のいのちも含まれますから、それを奪うことになる自殺はやはりいけないことなのです。

私は、誰かの生まれ変わりなのですか？

よくテレビなどで、自分は誰かの生まれ変わりだとか、自分の前世は誰だったという人がいます。また、人の前世が見えるとか、誰の生まれ変わりなのかわかるという占い師のような人もいます。

本人が見える、わかるといっていることなので私にはその真偽はわかりませんが、「俺の前世は織田信長だ」とか、「私はジャンヌ・ダルクの生まれ変わり」などと、**世間でよくいわれているようなかたちでの前世は存在しないと思います。**

ただ、私たちのそれぞれのいのちは、過去のどこかからやってきて、いまを生き、未来に向かうという仏教の考えかたからすると、**私たちはそれぞれ誰かや、何かの生まれ変わりである可能性はないとはいえません。**

そもそも、人は生まれ変わるという考えかたは、仏教が誕生する以前のインドに古くからあるものでした。それを「輪廻《りんね》転生《てんしょう》」といい、人は繰り返し、繰り返し、何か（人間とは限りません）に生まれ変わるというものです。そして、前世においてよい行いをすれば、現世で幸せな人生を送ることができ、現世で悪い行いをすれば、来世で悲惨な運命が待っていると考えたのです。

それはつまり、来世を重視することで、現世の社会状況を肯定する考えかただともいえます。

現世においてどれほど悲惨な状況に置かれていても、それは前世に原因があることであり、仕方のないことだと考えることによって、カーストという厳しい身分制度を肯定することにもつながりました。さらに、現世でよいことをしなければ来世には苦難が待ち受けているということは、それによって現世で人に正しい行いをさせるための一種のおどしであったということもできます。

そうした考えかたを、いまを正しく生きるための教えとして仏教は取り入れました。**仏教にとっては、いまをどう生きるかが大切です。**お釈迦さまがとなえた「解脱《げだつ》」とは、輪廻転生のサイクルから自由になるということです。**現世において正しい行いをすれば、もう何かに生まれ変わることがなく、その苦しみから逃れられるのです。**

かりに、あなたが誰かの生まれ変わりであったとしても、それによっていまを正しく生きたり、人生を充実させたりすることにつながらないのなら、なんの意味もありません。

なにかの生まれ変わりの可能性はあります。

なるべく働かずに生きたいのですが、だめですか？

実際にはとても無理ですが、私もできれば働かずに生きていきたいと思っています。

せっかくですから、ここでは「働く」ということについて考えてみましょう。

たとえば、私のようなお寺の住職は、お葬式や法事《ほうじ》などのときは別にして、ふだんはお経《きょう》を読んだり、坐禅をしたり、境内《けいだい》の掃除をしたりして生活しています。働いているといえば働いているのですが、会社勤めをしているような人から見たら、そんなものは働いているうちに入らないといわれるかもしれません。

でも、会社勤めをしている人でも、はたして会社にいる間、すべての時間働いているといえるでしょうか。ときにはボーっとしたり、同僚とおしゃべりしたりしている時間があるのではないでしょうか。

また、**働くことが、いつもつらいもの、苦しいものだというわけではありません。働いているほうがラクだし、楽しいということもあります。**

ですから、**これは仕事、これは遊びと、ことさら分けて考える必要はないし、仕事だからつらいものと決めてかかる必要もありません。**

たしかに仕事というものは、それによって生活するためのお金を得るものではありますが、「働く＝苦」ととらえてしまうと、楽しいことであるはずのことも、そうではなくなってしまいます。

私自身は、働くことも遊びの一種ではないかと思うときがあります。というのも、働くことを通じて、いろいろな人と出会えたり、いろいろな知識を得られたりするからです。それは、私にとっては実に楽しい体験です。

オランダの歴史学者のホイジンガという人は、遊びが人間の本質であり、文化を生み出す根源であるという見かたから、人間を「ホモ・ルーデンス」（遊ぶ人）と定義しましたが、この遊びの中には働くことも含まれていたのではないでしょうか。

ですから、働くことを特別視し、それは苦しいもの、つらいものと分けて考える必要はありません。それは生きること自体であり、遊びと同様に、生きることに含まれることです。

働かずに生きていきたいといいますが、少なくても生きていこうという意思はあるのですから、生きていれば、おのずと働くことが含まれてくると思います。

生きていくことは、おのずと働くことになるのです。

あの世を信じる若者が増えている！

若者の意識調査

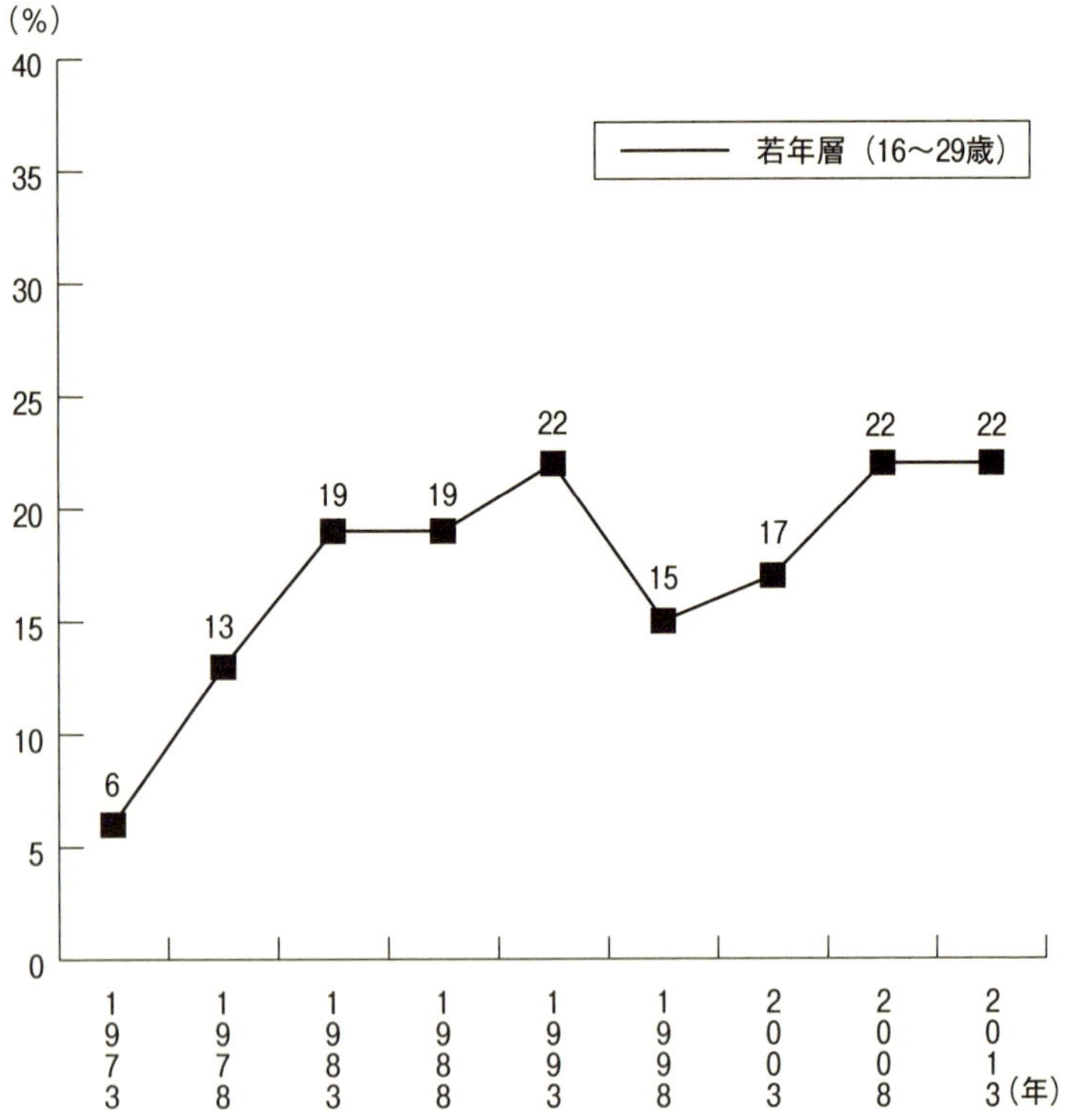

(%)
40
35
30
25
20
15
10
5
0
若年層（16〜29歳）
6
13
19
19
22
15
17
22
22
1973
1978
1983
1988
1993
1998
2003
2008
2013（年）

（出典：NHK放送文化研究所「現代日本人の意識構造［第7・8版］」

第2章

「本当の自分」とは、どういうものなのか

「本当の自分」とか、「自分らしさ」とは、なんですか？

自分では自分のことがわからないのが、人間というものです。そもそも、自分という絶対的なものがあるわけではありません。

仏教には、「諸法無我《しょほうむが》」という言葉があります。すべてのものは、さまざまな原因や縁によって生じるものであり、それだけで独自に存在するものはないという意味です。**時と場合によって、いろいろな自分があるだけで、本当の自分もあれば、演技している自分もあるかもしれませんが、そのどれもが自分です。**

とはいっても、やはり、「自分って、なんだろう？」と考えてしまいます。それは人間として生まれてきた以上、誰もが考える問題です。いや、人間しか考えない問題だといってもいいでしょう。おそらく人間以外の動物は、「自分とはなにか」なんて考えないと思います（たとえ考えていたとしても、それがわかる方法がありません）。

私は、仏教の中でも「禅宗」と呼ばれる宗派に属していますが、**禅宗の究極の目的は「本当の自分を探す」ということです。**私たちの言葉では、それを「本来の面目《めんもく》」と呼んでいます。この本来の面目を一生かかって追い求めていくことが、私たち禅宗のお坊さんにとってのいちばんの命題です。

生きているかぎり、人は自分と付き合っていかなければならないわけですから、**「本当の自分とはなにか」という問題は、やはり生きているかぎり、一生かかって自分に問い続けていかなければならない問題だと、私は思っています。**そう簡単に、答えが出るものではありません。

本当の自分も、嘘の自分もないように、「自分らしさ」というものについても悩む必要はありません。**ただの「自分」、それだけでいいのです。**

なぜなら、あなたは他の誰とも顔も違うし、考えかたも違います。それだけで、もう十分、自分らしいのです。自分らしさなどというものをいちいち探さなくてもいいし、わざわざ変わったことをしなくてもいい。自分でいることが自分らしいわけで、むしろ**人は自分らしく以外いられません。**

本当の自分とか、自分らしさを意識しすぎるあまり、人と変わったことをしようとか、わざとらしくなっては、かえって自分らしくなくなってしまいます。あなたがやることなすことすべてにおいて、おのずとあなたらしさが出ているものです。

それはあなたが一生をかけて探していくことです。

自分の将来が不安です。どうしたらいいでしょうか？

将来のことが不安なのは、あなた一人ではありません。みんなが不安です。私も不安です。きっと、あなたのお父さんやお母さんも不安です。**不安だからこそ、いまを一所懸命に生きなくてはならないのです。**

将来のことが不安なのは、それがどうなるか誰にもわからないからです。わかっていることはただひとつ、いつか必ず死ぬということだけです。だからといって、それを恐れて前に進まないわけにはいきません。どんなに不安だろうが、きちんと前を向いて進むしかないのです。

前を向いて進んでいくためには、いまの足元をしっかりさせることです。足元をしっかりさせるためには、やはりいまを一所懸命に生きるしかありません。そうでないと、10年後、20年後どころか、いちばん身近な将来である明日への一歩も出てきません。ただ不安だ、不安だといって今日をおろそかにしていると、その明日すらないかもしれません。

将来のことを不安だと思う気持ちの前提には、少なくともいま生きていることは当たり前だと思う心が働いています。

でも、もし、きょう食べるごはんがなかったらどうしますか？　今日一日、生き延びられるかどうかというギリギリの状況だったとしたら、明日のことなど心配している余裕などないはずです。まして、将来のことを不安だなどといってはいられません。いま生きていることが当たり前だと思うから、将来のことを不安だと思ってしまうのです。どうも、いまの日本人には、そうした人が多いように思います。

お釈迦さまの言葉に、「過去を追うことなかれ、未来をいたずらに思いわずらうなかれ、いま己がなすべきことを心を込めて行いつとめよ」というものがあります。将来のことは、そのときになってみなければわからないことです。それよりも、いまの一瞬、一瞬を大切にしなさいということです。

また、禅には、「一息《いっそく》に生きる」という言葉があります。これも、ひと呼吸、ひと呼吸、一所懸命に、ていねいに生きなさいということです。将来とは、この瞬間、瞬間の積み重ねにほかなりません。**その瞬間をおろそかにして、まだ来てもいない将来についてあれこれ悩んだところでどうにもなりません。**いま、ここでやるべきことをしっかりやるしかないのです。

「いま」ときちんと向きあって、足元を固めるのです。

自分に向いた仕事があるか不安です。

若い人はよく、「自分に向いた仕事がわかりません」、「この仕事が本当に自分のやりたい仕事なのかどうかわかりません」と、不安を口にします。

そのせいかどうか、会社に入っても3年もたたないうちに辞めていく人が多いといわれています。

しかし、**そもそも自分に向いた仕事などありません。**それが本当に自分のやりたい仕事だったのかどうかも、最後の最後までわからないでしょう。

おそらく、**「自分に向いた仕事」という発想のおおもとは、勝手に仕事という枠を作り、その枠に自分が当てはまらないと感じるところからきていると思います。**それはいわば、仕事が〝主〟であって、自分が〝従〟という考えかたです。この主従を逆にして考えてみてはどうでしょうか。

私は臨済宗《りんざいしゅう》という禅宗の宗派に属していますが、その開祖である臨済義玄禅師《りんざいぎげんぜんじ》という方が、「随処《ずいしょ》に主となれば、立処《りっしょ》皆真なり」という言葉を残されています。「いつ、どこにあっても、その場その場で自分が主人公になれば、自分の存在するところが、そのまま真実の場になる」という意味です。

自分が〝主〟となることで、仕事のほうを自分の枠に当てはめるようにしていけば、それが自分に向いた仕事になっていくのではないでしょうか。

あるいは、自分を仕事に当てはめていってもいい。

そのどちらでもいいのですが、どちらかをしないと、いつまでたっても自分に向いた仕事など見つからないでしょう。

最初から都合よく、自分にピタリと当てはまる仕事など、そうそうあるものではありません。

自分を変えるか、仕事を変えるか（会社を替えるということではありません。働きかたを変えるということです）、そのどちらかです。

自分には向いた仕事がないということで、自分の居場所がないと感じている人もいるかもしれません。

ですが、どんなときにも主体性をしっかり持って取り組んでいれば、そこがそのまま自分の居場所になるのです。

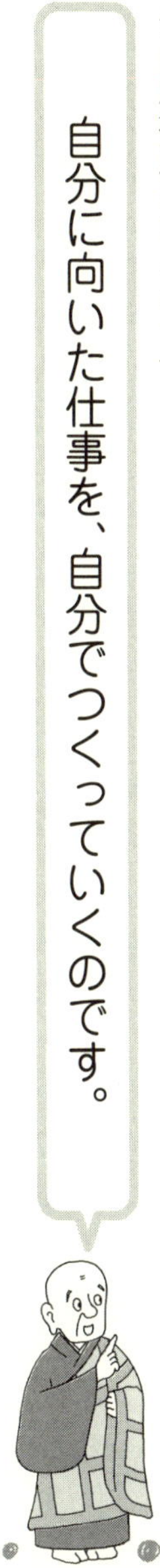
自分に向いた仕事を、自分でつくっていくのです。

私には長所がありません。どうすればいいですか？

そう思うということは、もしかしたら本当に長所がないのかもしれません。実は、この私にも、長所といえるような長所はありません。なにか人にいえることがあるとすれば、修行道場で10年間がまんして修行を続けたことくらいで、それによって少しは辛抱強くなったかなと思っています。

そもそも、**長所とか短所というものは自分ではわからないものですし、なにが長所で、なにが短所か、それを決める絶対的な基準というものはありません。**

たとえば、いつもニコニコしている人がいるとします。それは誰に対しても愛想がいいという長所になるかもしれませんが、見かたを変えれば、八方美人という短所になるかもしれません。テキパキとものごとを進めることが苦手で、何をするにも人より時間がかかってしまうことを短所だと思っていても、他人から見れば、じっくりとひとつのものごとに取り組む粘り強さがあると見てくれるかもしれません。

お釈迦さまの弟子の中で、もっとも愚かだといわれている人がいました。この人は短いお経も覚えられず、それどころか自分の名前さえ忘れてしまうので、いつも大きな名札を首からぶら下げていたそうです。あるとき、「自分はどうしてこんなにも愚かなのですか」と、お釈迦さまにたずねました。するとお釈迦さまは、「お前は決して愚かではない。なぜなら自分が愚かだということを知っているからだ。自分の愚かさを知らないものこそ、本当の愚かものだ」と答えたといいます。

自分には長所がないので自信が持てないという人がよくいますが、自信などなくてもいいのです。みんなが自信のないまま、それでも生きているのです。

その逆に、「俺は自信がある」という人がいたら、それは虚勢《きょせい》だと思うし、「私には長所がいっぱいある」という人がいたら、その人は鼻もちならない人です。

自分のなにかが人に認められたり、ゲームやスポーツなどで勝ったりしたときに瞬間的に自信を持つことはあるかもしれませんが、いつも、すべてに自信が持てる人がいるかといえば、そんな人はいないと思います。

これは自信があるけど、あれは自信がない、あるいはこれは長所だけど、これは短所だと、その両方を持っているのが人間です。長所がないと思っているのは自分だけで、人から見ればたくさんいいところがあると思われているのかもしれません。

他の人はあなたの長所に気づいています。

人と比べて自分がダメと感じます。どうすればいいですか？

比べなければいいだけのことでしょう。そうすれば、自分をダメだと思うこともなくなります。

とはいえ、この世に生きているかぎり、人は誰かと自分を比べてしまうものです。これは仕方ないことです。

比べたことがないという人は、おそらくいないでしょう。

比べること自体は、別に悪いことではありません。比べてはいけないなどと考えると、余計にストレスになってしまいます。

比べるなら、徹底的に比べてみればいいでしょう。そのうえで、他人と比べて自分には何が足りないのか、冷静に判断すればいい。そして足りないものを補うためにがんばればいいだけです。

自分が努力するためのきっかけになるのであれば、比べることも決して悪いことではありません。

たとえばクラスメートと比べて、同じくらい勉強しているはずなのに、成績で劣っていたとします。それなら、どうして彼のほうがいつもテストの点数がよいのか、いったい何が違うのか、冷静に考えればいいのです。

自分の成績を伸ばしていくためには、そうした冷静な目も必要です。それは、スポーツでも、趣味でも同じこと。

自分が向上していくためには、身近に比較する相手や目標とする人がいたほうが効果的です。

あるいは、比べることでお互いの違いを認め合い、それぞれが尊い存在だということがわかるのであれば、むしろ比べることは有意義なことでもあります。**要は、比較というものをどう使っていくかが大事なのです。**

ただし、比べることによって、「俺はアイツよりも上だ」と相手を見下すような心が起きたり、「俺はアイツより劣っている」と自分を卑下《ひげ》するような心が起きてきたら、注意が必要です。

そのときはすっぱりと比べることをやめることです。比べることによって、自分を見失ってはいけません。

自分を見失わなければ比べてもいいのです。

「個性」とはなんですか？　ないといけないものですか？

あなたは「個性的な人になりなさい」とか、「個性を大切にしなさい」といわれて困ったことがあるのでしょう。個性的とはどういうことか、わからなくて悩んでしまうと思います。

しかし、わからなくて当たり前なのです。個性というものは、これこれこういうものだと、自分で定義できるものではないのですから。

個性を、どこか人と違うこと、独特な感じのことだと勘違いし、意識して人と違ったことをやろう、なんでも自分の思ったとおりにしてやろうというのであれば、それは自分勝手と同じことです。

第二次世界大戦が終わった後の日本は、「個性の尊重」を大きく掲げ、なによりも個性を大切なものとして扱ってきました。その結果、人と違ったこと、目立つことをして自己主張をしなければ、まるで個性がないといわんばかりの風潮になってきました。

しかし、**実はなにもしなくても、その人が生きているというだけで、すでに個性的なのです。**それをあらためてなにか違うことをしなければいけないと考えてしまうと、わざとらしいものになってしまうし、取ってつけたようなものになってしまいます。個性とはそのようなものではなく、その人であるというだけで、おのずから出てくるものです。**ですから取り立てて個性、個性という必要はないし、求めるものでもありません。**

この世の中には個性という幻想がはびこっているわけですが、その反面、たとえば大学生が就職活動になると、全員が同じようなリクルートスーツを着て、それが当たり前のようになっています。もちろん、同じリクルートスーツを着ているからといって、それだけで個性がないとはいえないのですが、もし、人と違ったこと、目立つことが個性ならば、もっと違った服装をしてもいいはずなのに、そういう学生はほとんど見かけません。

個性とは、探したからといって見つかるものではないし、求めてそうなるものでもありません。そこに、自然とあるものです。そして、それをあなたの個性と認めてくれるのは自分ではなく、あなた以外の誰かなのです。

ですから、あまり個性というものにこだわらないほうがいい。個性という言葉にとまどったり、振り回されたりしなくなったときにこそ、本当に個性的な人になることができると思います。

すべては「運命」によって決まっているのですか？

「成功するのも失敗するのも、幸せになるのも不幸になるのも、すべては運命で決められている。どんなにジタバタしたところでどうにもならない。ムダな努力はしないほうがいい」

そういうことを言う人がいます。

なにを運命と考えるのか、どこまでを運命とするのか、人それぞれ考えかたが違うと思いますが、**少なくとも人間は生まれながらにして平等だとはいえません。**

もちろん、一人ひとりの生命の尊さという意味では、世界中の人間はすべて平等です。

しかし、その人が生み落とされる環境は、決して平等ではありません。

たとえば、どこかの国の国王の家に生まれる人もいれば、現代文明を拒絶して暮らす先住民族の土地に生まれる人もいます。そうしたことを運命と呼ぶなら、運命というのはある程度決まっているともいえます。

しかし、**それは、あくまでも生み落とされる環境が違うというだけで、そこから先のことは決まりきったものではないと思います。**

本人の考えかたや努力によって変えていくことができるし、また、偶然のできごとや条件などによって変わっていくものだと思います。

自分ではイヤだったが、運命だから仕方なく家の仕事を継いだ、そのことをいつまでも後悔しているという人がいるとしたら、それは運命だからではなく、本来の自分から逃げたからです。

本当に心の底からやりたいことがあったら、それを選べばよかったのです。それがなかったから、家の仕事を継いだのでしょう。

人は失敗したり、後悔するような事態におちいると、それをつい運命のせいにしがちです。

いいわけとしての運命は、運命ではありません。なぜなら、そうしようと決めたのは自分自身だからです。

後悔や悲観の原因として運命をとらえるのではなく、**自分が選択したことについて、「これも運命なのだ」と自分を納得させ、前向きに生きていくためのきっかけとして運命をとらえてみては、どうでしょうか。**

生きかたは「運命」ではなく、あなたが決めることです。

親のいうとおりに生きれば、幸せになれますか？

当たり前のことですが、親は子どもよりも長く生きています。それだけいろいろなことを経験しているし、いろいろな知識もあります。いわば、人生の大先輩です。先輩の意見は、アドバイスとして大いに参考になるはずです。

そのアドバイスに素直に従ったおかげで、うまくいくこともあるでしょう。しかし**親のいうとおりに生きたからといって、それで幸せになれるかどうかはわかりません。**また、親のいうことに従ってばかりいると、自分一人で何かを決めなければならないときに、なにも決められないということにもなります。

親のいうことを聞き入れるにしろ、反発するにしろ、**大事なことは、最終的に自分で考えて決めるということです。**

そうしないと、もし親のいうとおりにしてうまくいかなかったときに、それを親のせいにしてしまうからです。いい年をした大人でも、自分がうまくいっていないのを親のせいにしている人がいますが、とても見苦しいものです。

私は父親の後を継いで、いまいる寺の住職をしています。私はもの心つく前から僧衣を着せられ、父と一緒に法事やお葬式に出たり、坐禅会などに参加していました。おそらく周囲の人は、私が当然、住職としてこの寺を継ぐものだと思っていたでしょう。しかし、私は必ずしも、そうは思っていませんでした。もし、若いときに、強烈にこれになりたいというものがあったら、私はこの寺を継ぐことはなかったでしょう。しかし、それほど強烈に私を駆り立てるものはありませんでした。

結果的に、こうして私は住職をしていますが、それは親によって押し付けられたものだとは思っていません。**最終的にこの道を選んだのは、私自身の意思です。**ですから、どんなことが起きようが、それを親のせいにするつもりはありません。

もし、**あなたが後悔しない生きかたをしたいと思ったら、最終的に自分で選ぶしかないのです。**自分で決めたことであれば、親のせいにも、誰かのせいにもすることはできません。かりに後悔するようなことが起きたとしても、自分で決めたこと、選択したことであれば、「まあ、しょうがない」とあきらめもつきます。

結果を親や誰かのせいにしないこと。それが、人間が自立するうえでとても大切なことだと思っています。

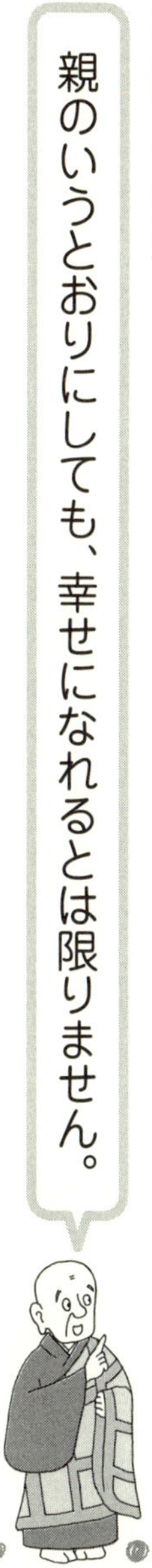
親のいうとおりにしても、幸せになれるとは限りません。

どうすれば、人は変わることができるのですか？

「人は変わらなければ成長できない」と、よく聞きます。たしかに、そのとおりかもしれません。しかし、ここで考えてほしいのは、**「変わらなければ」ということですべてを変えてしまったら、おそらく変わったことがわからないということです。**変わらないものがあるからこそ、どこが変わったかわかるのです。

人は変わることで成長するという場合、大事なことは、変わるためには変わらないものをバックボーンとして持っていなくてはならないということです。

変わらないものを持ったうえで変わっていく、まるで真逆なことをいっているように聞こえるかもしれませんが、こうした相反するものをどれだけ受け入れることができるかどうかが、人間の器を決める大事な要素です。

気をつけなければならないのは、変わらないものは、**変わらないからこそ目に見えにくい**ということです。

みなさんは「社是《しゃぜ》」という言葉を聞いたことがありますか。これは会社の創立の精神や、その会社を創業した人の思いが反映されたものです。あるいはみなさんなら、通っている学校に「校訓《こうくん》」というものがあるでしょう。あれは学校の教育方針とか、どんな人間に育ってほしいかという願いを込めたものです。

　こうしたものは、そう簡単に変えてはいけないものです。社是や校訓がコロコロ変わっていたら、めざすべき方向がわからなくなってしまいます。**こうした変わらないものをひとつの求心力として、そのうえで変わっていくことが大切です。**

「成長するためには変わらなくてはいけない」と、なんでもかんでもやみくもに変えていったのでは、自分がなにものかわからなくなるし、心を病むことにもつながりかねません。また、それが会社のような組織であれば、崩壊してしまうでしょう。

　実は、**変わらないものを持ちながら、日々変わっているのが、この私たちの身体です。**私たちの身体を構成しているそれぞれの細胞は、同じ種類の細胞でありながらも、日々変わっていっています。一年もたたないうちにほとんど入れ替わるそうです。ですから、**無理に変わらなくてはと思わなくても、人は自ずと変わっていっています。**

　むしろ、変わらないものはなんなのか、変えてはいけないものはなんなのか、それについて考えてみることも大事なことです。

無理に変わらなくても、毎日少しずつ変わっています。

いい学校、いい会社に入ることに、意味はありますか？

「勉強しなさい。そうしないと、いい学校や、いい会社に入れない」

お父さんやお母さんから、こう言われたことがある人はいっぱいいるでしょう。あんまりうるさく言われて、「なんだよ、いい学校、いい会社って？」と反発してしまう人もいるでしょう。

その気持ちもわかります。

なにを基準にして「いい学校」、「いい会社」と言っているのか、「いい」の中身がわかりませんが、ここはごく常識的に考えて、いい学校とは学力のレベルの高いところ、いい会社とは世間的に有名な大会社としておきましょう。

そういうところに入ることに**なにか意味があるのかと問われたら、私は「ある」と答えます。**

いい学校やいい会社には、それなりにすぐれた人物がいる可能性が高いのです。「朱に交われば赤くなる」という言葉もあるように、**人間が人として成長していくためには環境が大きく作用してきます。**

すぐれた人物が多いということは、それだけ自分が成長するための環境に恵まれているということでもあります。

そういう人に多くを学んだり、参考にしたり、あるいはそういう人と競争することで、自分自身が成長するための手がかりをつかむ可能性も高まります。

もちろん、学力のレベルが高い学校や世間的に有名な会社だからといって、そこに集まっている人たちが人間的にすばらしい人たちばかりだとは限りません。なかには、高慢ちきで、どうしようもなく自己中心的で、冷酷で、鼻もちならないような人間もいるでしょう。

でも、いい学校やいい会社に入るには、それなりに努力が必要です。そうした**努力ができる人たちが集まっているという意味で、私は、いい学校やいい会社に入ることに意味があると思っています。**

当然のことですが、そうしたところに入ったからといって、自分から進んで勉強したり、仕事をしないのであれば、なんの意味もありません。いい環境を生かすのも、それをムダにするのも、その人次第です。

「いい所」には成長のためのすぐれた環境があります。

「自分は役に立たないと強く感じる人」が50%近くいる！

「自分についてのイメージ」のアンケート

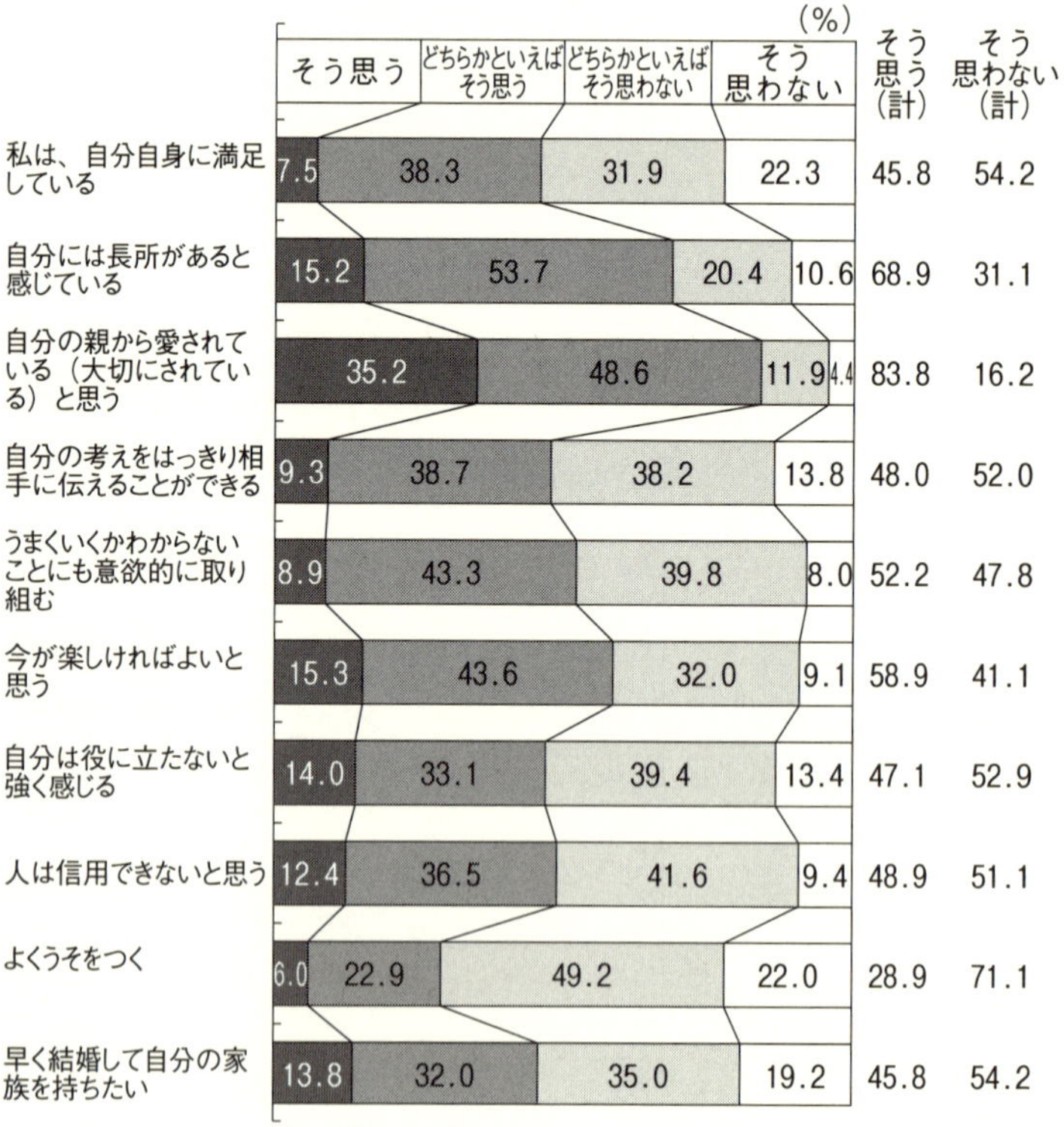
(%)
そう思う
どちらかといえばそう思う
どちらかといえばそう思わない
そう思わない
そう思う（計）
そう思わない（計）
私は、自分自身に満足している
7.5 38.3 31.9 22.3 45.8 54.2
自分には長所があると感じている
15.2 53.7 20.4 10.6 68.9 31.1
自分の親から愛されている（大切にされている）と思う
35.2 48.6 11.9 4.4 83.8 16.2
自分の考えをはっきり相手に伝えることができる
9.3 38.7 38.2 13.8 48.0 52.0
うまくいくかわからないことにも意欲的に取り組む
8.9 43.3 39.8 8.0 52.2 47.8
今が楽しければよいと思う
15.3 43.6 32.0 9.1 58.9 41.1
自分は役に立たないと強く感じる
14.0 33.1 39.4 13.4 47.1 52.9
人は信用できないと思う
12.4 36.5 41.6 9.4 48.9 51.1
よくうそをつく
6.0 22.9 49.2 22.0 28.9 71.1
早く結婚して自分の家族を持ちたい
13.8 32.0 35.0 19.2 45.8 54.2

（出典：平成25年度我が国と諸外国の若者の意識に関する調査）

第3章

悩んでばかりの毎日。どうしてうまくいかないのだろう

他人がうらやましくて仕方ありません。

人のことがうらやましいと思うのは、人と比べるからです。それが苦しいというのであれば、人と比べなければいいだけのことです。

とはいえ、この世の中に自分一人ということはありえませんから、**どうしても人は自分と他人を比べてしまいます。それは仕方がないことだともいえます。**

人はそれぞれ生まれた環境も違えば、育った環境も違います。これは自分では選べないことであり、自分の思いどおりにならないことです。お釈迦さまは、こうした状態を「苦」と表現しました。

また、あなたがうらやましいと思っている相手も、別の誰かをうらやましいと思って苦しんでいるのかもしれません。それどころか、逆にあなたのことをうらやましいと思っているかもしれません、

比べること自体は、決して悪いことではありません。お互いの違いを理解するうえでは大事なことです。**しかし、それがあまりに度が過ぎてしまうと、ねたみやそねみの原因となってしまいます。**それを「嫉妬《しっと》」といいますが、嫉妬の炎は自分を燃やしてしまいます。

自分を燃やせば、それによって自分は灰になってしまいます。

人のことをうらやましいと思ったり、嫉妬をおぼえたりするのは、基本的にネガティブな感情だと思いますが、人間というのは、いろいろな意味で根っこにネガティブな感情を抱えている存在だという気がします。

たとえば、テレビのお笑い番組などでは、人の失敗や不幸が笑いのネタになったりしています。歌でも失恋の歌のほうがヒットするし、映画やドラマでも悲劇のほうが人の心をとらえたりします。だからこそ、逆にポジティブ・シンキングなどという言葉がはやったりするのでしょう。

人のことがうらやましいという感情や、ねたましいという感情は、どんなに修行を重ねても完全になくすことができないものだと思います。ただ、そう思ったときに、その感情とどう向き合うかということが大切です。

うらやましいと思ったら、自分もそうなるように努力すればいいし、そうでなければ、うらやましいと思っても、「だから、なに」と、その気持ちをさっさと振り切って、うらやましさを募らせないようにすればいいと思います。

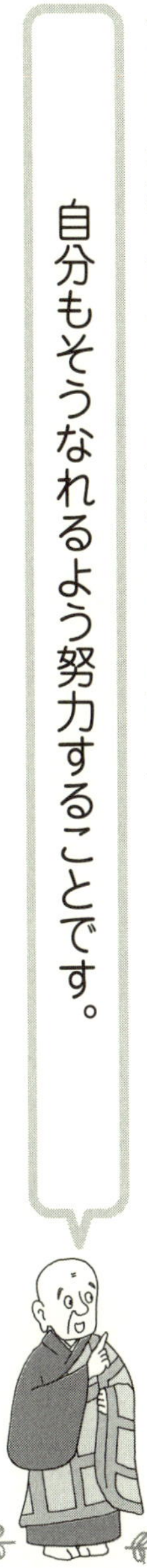

いつも悩んでばかりいます。悩みはなくなりませんか？

いつも悩むのは、生きているからです。**生きているかぎり、悩みのタネが尽きることはありません。**

悩むと、人は考えます。どうしたら解決できるのだろう、どうしたらうまくいくのだろう、と。考えるからこそいろいろなことを経験できるし、考えるからこそ人も社会も発展します。ですから、**悩みとは生きていくうえでの原動力といえるし、生きることそれ自体だといってもいいかもしれません。**

たとえば、悩みがまったくない人生というものを想像してみてください。楽しいと思いますか？　なんだか生きている気がしないと思いませんか？　悩みがまったくなくなったら、おそらくその人はボケてしまうのではないでしょうか。

悩みが浮かんでくること自体は、あなたが生きているという証拠です。それは決して悪いことではありません。**問題は、その悩みとの付き合いかたです。**どういうときに悩みが生まれることが多いのか、ちょっと考えてみましょう。

私たちはなにかをするときに、これをしたらこうなるだろう、ああなるだろうと、その結果を予想してから始めます。逆に結果を予想しないでやみくもにやったら、むちゃくちゃだといわれてしまいます。

しかし、**その予想と、現実の結果が、必ずしも一致するとはかぎりません。いつもうまくいくわけではありません。そのときに、人は悩むことが多いのではないでしょうか。**どうして自分が予想したとおりにならないのだろう、と。

でも、それが当たり前なのです。その予想というのは、自分が勝手に思い描いたものです。ものごとがすべて自分の思いどおりになったら、かえってなんだか恐ろしいと思いませんか。自分が予想していたことと違う結果になったときに、「そりゃ、そうだよな」とか、**「まあ仕方ない」と思って頭を切り替えられれば、それほど悩むことはないと思います。**その切り替えがうまくできないと、予想と現実のギャップによって、いつまでも悩んでしまうことになります。

悩み自体をネガティブ（否定的）なものととらえてしまうと、かえって悩みから抜け出せなくなります。悩みが浮かんでくるのは悪いことではないとポジティブ（肯定的）にとらえ、違う予想を立てて、何度でもやり直せばいいのです。

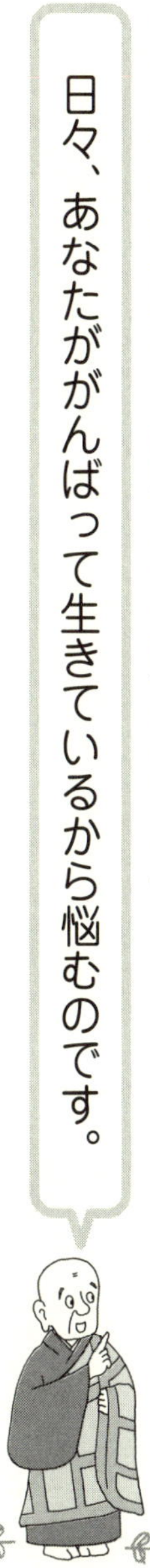
日々、あなたががんばって生きているから悩むのです。

人のことが好きになれません。どうすればいいですか？

人のことを好きになったり、信じたりすることに、明確な理由など必要ありません。社会や学校の中で人と交わって生きていれば、あの人のことがなんとなく好きだ、なんとなく信用できそうだというのは、ごく普通にあることです。

にもかかわらず、**人のことが好きになれない、信用できないというのは、まず、あなたがきちんと人と交わって生きていないからかもしれません。**

どういったときに、人のことが好きになれないとか、信じられないと感じるのでしょうか。おそらく、相手が自分の思いどおりにならないときに、そう感じることが多いのではないでしょうか。思いどおりにならないからといって、そのたびに好きになれない、信じられないといっていたら、誰もあなたのことを相手にしてくれなくなるでしょう。**人に好きになってもらいたい、自分を信じてもらいたいと思ったら、あなたも人を好きになるしかないし、信じるしかありません。**

いまの世の中は、人と人との関係がどんどん薄くなってきているように感じます。それにともなって、人間らしい感覚とか、感情とか、直感といったものが鈍くなってきているように思います。

内閣府《ないかくふ》という国の機関が、20、30代の恋人がいない男女を対象に、恋人が欲しいかどうか調査したところ、37・6パーセントの人が「ほしくない」と答えたそうです。その理由をたずねると、「恋愛が面倒くさい」、「自分の趣味に力を入れたい」と答えた人が多かったとか。はじめから面倒くさいとか、自分の趣味のことばかり考えているのは、あまりに無気力だし、自分のことしか考えていないという気がします。

ところが、その反面、ラインなどによるつながりを過度なまでに重視しています。その世界だけが、自分にとっての現実世界だと錯覚している人もいるのではないでしょうか。実際に恋愛することは面倒くさいが、**ラインではつながっていたいというのは、結局、妄《もう》想《そう》の世界でしか生きられないということです。**

人間としての生の感情で人を好きになったり、嫌いになったりすることは、たしかにエネルギーを必要とすることですが、そうした交わりをとおしてしか、自分がどういう人間なのか知ることはできません。怖がらずに人を好きになってみてください。人を信じてみてください。必ず、あなたの人生にとってプラスになります。

自分が好かれたかったら人を好きになることです。

友だちができません。どうすればできますか？

友だちができないのは、**もしかしたら、あなた自身が周囲に対して〝壁〟を作っているからかもしれません。**それで、周囲の人たちも、あなたに声がかけにくいと感じているのではないでしょうか。

また、あなたの中に、もしも誰かと友だちになって、仲たがいやケンカをしたらイヤだな、それによって**傷つきたくないなと思う気持ちがあるのではないでしょうか。**

もし、**本当に友だちが欲しいのなら、友だちになってもらうよう努力するしかないでしょう。**自分からはなにもしないで、ただ声をかけてもらうのを待っているだけでは友だちはできません。たとえば、趣味や興味の対象が同じような人がいたら、思い切って声をかけてみてはどうでしょうか。一人に声をかけてダメだったとしても、また別の人に声をかけてみる。そうやって勇気をもって自分から声をかけるしか、友だちを見つける方法はないと思います。

しかし、ここで考えてほしいのは、**無理をしてまで友だちを作る必要はない**ということです。そもそも自分から行動することが苦手だから友だちができないというのであれば、無理をする必要はないと思います。無理をして作った友だちは、そのうち付き合うのがイヤになったり、疲れてしまうかもしれません。

また、友だちが欲しいばかりに悪い仲間に誘われても断ることができず、それが取り返しのつかないことになってしまう可能性もあります。**お釈迦さまは、愚か者と親しくなって悪に染まるくらいなら、一人でいたほうがましだといっています。**

これだけメールやラインでのやりとりが頻繁《ひんぱん》に行われているにもかかわらず、かえってそのために、本当の友だちと呼べる人がいないと悩んでいる人が多いと聞きます。それは、バーチャル（架空、仮想）の世界でしか生きていないため、人間としての手応えがないからでしょう。友だちが欲しいばかりに、そうしたツールに縛られて息苦しくなったり、振り回されて悩んだりしているぐらいなら、いっそ、メールやラインをやめてみてはどうでしょうか。

友だちがいないことは、悪いことでも、恥ずかしいことでもありません。それも自分の個性だと考えて、そのことにあまりとらわれすぎないことです。くれぐれも、友だちがいないから自分はダメな人間だと自己否定しないでください。

自分から働きかけることです。でも本当に友だちが必要ですか？

すぐにキレてしまう人が多いのはなぜですか？

それは、単なるわがままで、自己中心的だからです。

そもそも**自分の思いどおりになることなど、この世の中にはほとんどありません。**なんでも自分の思いどおりになると思っているからキレるわけで、思いどおりになることなどほとんどないと思っていれば、少々のことがあっても、簡単にキレることはないと思います。

こうしたことは本来、親とか年長者が教えてあげるべきことかもしれません。言葉で伝えられる真理というものはそう多くないのですが、「世の中は自分の思いどおりにはならない」ということは、そうした真理のひとつだと思います。

前にも書きましたが、お釈迦さまは、「人生は苦である」といいました。この「苦」とは、肉体的な苦しみではなく、自分の思いどおりにならないことからくる苦しみです。

そもそも、**思いどおりの「思い」というのは、自分の都合で勝手に作ったものです。それがすべてうまくいくほうがおかしいのであって、もしそうなったら恐ろしいことです。**

私もかつて修行中に、師匠から、「世の中のことがおまえの思いどおりになるほうが恐ろしい」といわれたことがあります。

すぐにキレてしまうのは、私たちの世界では修行が足りないということになります。13歳ぐらいの人たちに対していうのは少しきついかもしれませんが、**すぐにキレてしまうのは、人間としての修行が足りない証拠です。**

その原因のひとつとして考えられるのは、人が生きていくうえで、我慢《がまん》や忍耐《にんたい》が大切だということを大人が教えなくなったからかもしれません。

今はいやなことがあったら我慢しなくていい、耐える必要はないと教えられます。嫌いなことはしなくていいし、不得意なことには目をつぶって、得意なことだけ伸ばせばいいという風潮です。その結果、我慢することや耐えることができない人間が増えました。

でも、**なにをするにしても、それを成し遂げようと思ったら、やはり我慢や忍耐は必要です。**

とくにこれからは、そうしたことができる人が、大きく成長していくことは間違いありません。

その人は「我慢」や「忍耐」を知らないからです。

失敗が怖くて、なにもできません。

絶対に失敗しない方法がひとつだけあります。

それは、なにもしないことです。なにもしなければ、失敗することはありません。しかし、それはおそらく不可能なことです。生きているかぎり、なにもしないではいられません。毎日、なにかしらのことをしています。ごはんを食べているし、学校に行っているし、友だちと話しているし、ケータイをいじっています。なにかをしたら、そこには必ず失敗する可能性があります。

たしかに、いまの日本の社会は、失敗を許さないような窮屈《きゅうくつ》で余裕のない社会になりつつあります。誰かがちょっとした失言をすると、よってたかってそれを非難し、悪者扱いしてしまいます（いわゆる「炎上」です）。あるいは、失敗は恥ずかしいことだという意識が強すぎます。

それと同時に、一度失敗しただけでへこたれてしまう人があまりに多いと思います。精神的にタフな人が減ってしまいました。これは、若い人たちだけでなく、中高年の人でもそうです。

しかし、**失敗しないと次には進めません。もし、次に失敗したくないと思ったら、いま失敗しておくことです。**そうすれば、どうすれば失敗しないかわかるはずです。

また、失敗したということは、少なくとも何かにトライした、がんばってみた、努力したということです。その結果、最終的にはうまくいかなかったのですが、その過程やプロセスでやったことは、絶対、自分の身についています。それが次の成功につながるのです。

その意味で、**人は成功よりも失敗から多くを学ぶことができます。**まぐれやラッキーで成功することはあっても、まぐれで失敗するということはありません。失敗するには、それなりの原因や理由があります。それを見つけ、分析することで、次の成功につなげることができます。

また、成功や失敗を、その場だけで判断してしまうことも問題です。**長い目で見たら、いま失敗したと思えることも、10年後、20年後には成功だったということになるかもしれません。**世の中には、そんな例がたくさんあります。

あまり「失敗したらどうしよう」などと考えずに、目の前のやらなければいけないことや自分がやりたいことに取り組んでください。失敗しないと、成功もありません。

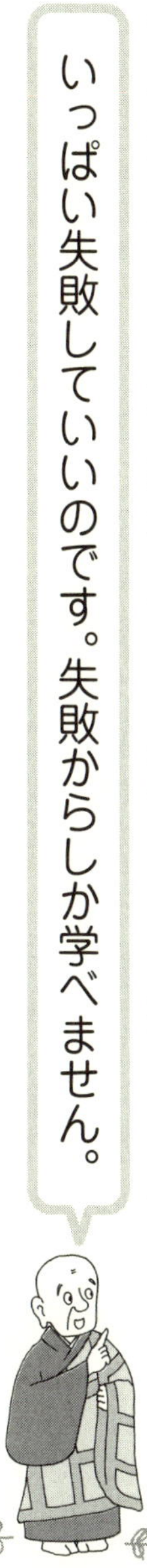
いっぱい失敗していいのです。失敗からしか学べません。

人前で話すのが苦手です。どうすれば克服できますか？

私も人前で話すのは苦手です。若いころはもっと苦手で、どちらかといえば大嫌いなほうでした。いまでも、決して好きではありません。ですから、人前で話をするのがうまいほうではないと思います。

ですが、人前で話をしなければならない場面がたくさんあり、そこから逃げられないので、なんとかがんばって話をしています。

いまから考えれば、**若いころに人前で話すことが苦手だったのは、変なことをいったら人に笑われるのではないか、バカにされるのではないかと思っていたからだと思います。**つまり、**人の評価がすごく気になっていた**ということです。

私のお寺で、毎週日曜日に行われる坐禅会で、参加者に対して30～40分、話をしています。以前はそれが大変苦痛だったのですが、あるとき、亡くなった先代の住職が、**「あれは自分の勉強のためにやっているのであって、人にしゃべっているのではない」**と言っていたのを思い出し、少しだけ気が楽になりました。

たしかに先代のいうとおりで、30分話をしようと思ったら、私の場合は、最低でも2時間ぐらいは前もって勉強をしなければなりません。それが怠け者の私にとってはいい勉強になったし、だんだんと人前で話すことにも慣れてきました。

努力をしたら、それが必ず報《むく》われるとは限りませんが、努力をしたら、しただけのことは必ず身につくものです。

禅宗では「陰徳《いんとく》を積め」とよくいわれますが、これは人が見ていないところでどれだけ努力するかということです。それが人間にとっての本当の勝負になります。**人が見ている、見ていないに関係なく努力できるかどうかに、その人の本性が表われてくるのだと思います。**

たとえば野球のイチロー選手でも、テニスの錦織圭《にしこりけい》選手でも、ゴルフの松山英樹《まつやまひでき》選手でも、彼らはふだん、人の見ていないところでどれだけ練習を積んでいるかわかりません。それがあるから、本番の試合であれだけすばらしいパフォーマンスが発揮できるのです。

なにごとも練習を積まなければ、いつまでたっても苦手なままです。**苦手でもなんとかがんばってやっていけば、うまいといわれるまでにはならないかもしれませんが、なんとかなるぐらいのところまではいけると思います。**

「自分の勉強のため」と思って話してみてください。

いじめられています。どうすればいいですか？

もし、そのいじめが暴力的なものなら、ケガをしたり、いのちにかかわることもありえるわけですから、きちんと学校なり、親なり、警察なりに相談して、やめさせてもらうしかありません。我慢していると、いじめるほうはさらにエスカレートする危険性があるので、いますぐ相談すべきです。

最近のいじめは相当、陰湿《いんしつ》になっていると聞きます。いじめそのものが、目に見えにくい形になっています。しかも、いまはメールやラインといったものがあるため、ますますそうした傾向が助長《じょちょう》されやすい環境にあります。メールを回され、一気にクラスメートから無視されるということも起こりえます。直接、面と向かって行われるいじめではないだけに気づかれにくいし、空気のようにいじめの雰囲気に取り巻かれるわけですから、きわめて居心地の悪いものに違いありません。

心が痛むのは、いじめを原因とする自殺が絶えないことです。人生はまだまだこれからだという若い人が、自殺によって自らのいのちを絶ってしまうことは、あまりにも悲しいことです。そうならないようにするには、ほんとうはまず親が、子どもがいじめられていることに気づいてあげなければなりません。

いじめが続くようなら、無理に学校に行く必要はありません。義務教育だから学校に行かなくてはいけないと親のほうも考えがちですが、義務教育の義務とは子どもが学校に行かなければいけないということではなく、教育を受ける権利を国が義務として保障しなくてはならないということです。もし子どもがいじめで悩んでいるとしたら、転校させてもいいし、フリースクールなどの違う教育方法に変えてもいいのです。

正直にいえば、私にはそうした陰湿ないじめに対処する根本的な方法というものがわかりません。**私にいえることは、自分が強くなるしかないということです。**もちろんそれは**暴力的に強くなることではなく、精神的な意味でのことです。**もし、学校の先生も、親も頼りにならないとしたら、それ以外にどうしようもありません。

しかし、ただ強くなるといっても、どうすれば強くなれるのかがわかりません。**いちばんいいのは、なにかに自信を持つことです。**それは、なんでもいい。勉強でもいいし、スポーツでもいいし、ゲームでもいい。強くなるためには、自分で自分に自信を持つことがいちばん大切です。

自信を持てる何かを見つけて、強くなることです。

集中力がないと親に怒られます。

いちばん簡単な方法は、**好きなことを見つけることです。**好きなことをしているときは、人にいわれなくても集中して取り組んでいませんか。ですから、好きなことを見つける、あるいは、いまやっていることを好きになればいいのです。そうすれば集中力がおのずと身についてきます。

人がものごとに本当に集中できるのは、せいぜい15分くらいといわれています。坐禅も30分くらいを1回の目安としています。1時間も2時間も続けて集中することはできるものではありません。

また、集中力は呼吸とも関係しています。**口で呼吸していると、集中力が高まらないといわれています。**口をポーっと開けていると、なんだか間抜けな感じに見えるのも、それと関係しているかもしれません。

集中力を高めるためには、**自分なりのルーティンワークを身につけることも効果的です。**ルーティンワークとは、本来、日々の決まりきった仕事という意味です。それを、創意工夫する必要がないつまらない仕事と解釈する人もいますが、逆にルーティンワークをすることで仕事に対するモチベーションが上がったり、効率が高まるという考えかたもあります。

仕事に限らず、スポーツなどでもルーティンワークの必要性が説かれることがあります。たとえば、イチロー選手。彼はバッターボックスに入るまで、およそ15種類以上の決まった動作を毎回繰り返すことで集中力を高めています。また、ワールドカップラグビーで大活躍した日本の五郎丸《ごろうまる》歩《あゆむ》選手は、キックを蹴る前に手を合わせた独特の拝みポーズをすることで、キックの精度を上げています。

ルーティンワークとは、自分なりの〝型〟だということもできます。その型を持つことで、ものごとに対する集中力も高まるし、効率も上がります。また、やらなければいけないことに対するモチベーションを上げることができるし、最初は苦痛だったことも苦痛ではなくなります。

禅宗の専門道場の修行で毎日の掃除が重視されるのも、このルーティンワークを身につけるためといえるでしょう。それによって集中力を鍛えることができるし、修行の苦痛を苦痛と思わなくなるのです。

自分なりの〝型〟を身につけることです。

やる気がないと、よく怒られます。

「やる気がない」

そんな言いかたで、いつも親や先生にしかられている人がいるかもしれません。自分が好きではないことは、なかなかやる気が起きないものです。それはわかります。

でも、なにをするにもやる気が起きないというのでは困ったことです。また、やる気がないからといってなにもしないというのではどうしようもありません。

「勉強しなければいけないけど、やる気がないから……」というのは、はっきりいって、やらないことに対するいいわけです。**やる気が起きようが起きなかろうが、やらなければならないことはやるしかないのです。**

脳科学や心理学の専門用語で、「作業興奮」という言葉があるそうです。

これはなにかを始めると、最初はいやいや始めたことであっても、やっているうちにどんどんやる気が出てくるというものです。やる気が起きてくるのは、行動することで脳の「側《そく》坐《ざ》核《かく》」というところが刺激され、そこからドーパミンというやる気ホルモンが出てくるからだそうです。

やる気がないからといってダラダラしていては、いつまでたってもやる気など起きてきません。

やる気がなくても、とにかく始めてみることです。

やる気にスイッチを入れるには、まずやってみること。やる気などというのは、あとからついてくるものなのです。

僧侶になるための修行をする専門道場では、なにをするにもとにかくテキパキと素早く行動することを要求されます。

やる気があるかないかなど関係ありません。

すると不思議なもので、やっているうちにどんどんやる気が出てきて、次はもっとうまくやろうと考えるようになります。

うまくいくための段取りを考えるようになるし、工夫をしようという気になるし、体も楽になっていきます。

やる気が起きたからやるのではなく、やることでやる気が起きてくることを、私たちは修行の現場でそれと知らずに体験していることになります。

やる気がなくても、とにかく始めてみることです。

ほとんどの若者が悩みを持っている

「悩みや心配事」に関するアンケート

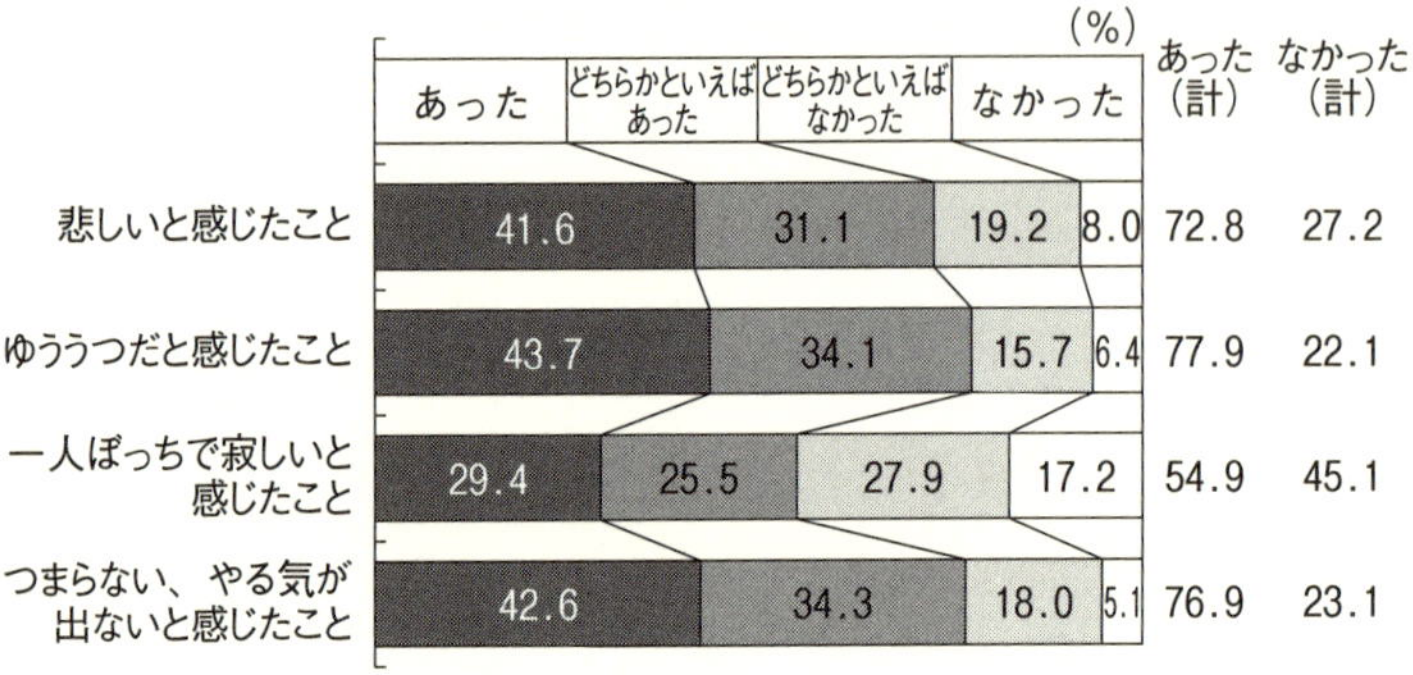
(%)
あった
どちらかといえばあった
どちらかといえばなかった
なかった
あった(計)
なかった(計)
悲しいと感じたこと
41.6
31.1
19.2
8.0
72.8
27.2
ゆううつだと感じたこと
43.7
34.1
15.7
6.4
77.9
22.1
一人ぼっちで寂しいと感じたこと
29.4
25.5
27.9
17.2
54.9
45.1
つまらない、やる気が出ないと感じたこと
42.6
34.3
18.0
5.1
76.9
23.1

（出典：平成25年度我が国と諸外国の若者の意識に関する調査）

第4章

「みんながいっていること」の本当の意味を知りたい

美しい心、きれいな心とは、どんな心ですか？

禅宗では、よく「清浄《しょうじょう》無垢《むく》」という言葉が使われます。清らかで、汚れていない状態をさしています。また、「赤心《せきしん》にかえれ」という言葉もよく聞かれます。これは、嘘いつわりのない、ありのままの心、すなわち赤ん坊のような心にかえれということです。**清浄無垢も赤心も、いわゆる邪念《じゃねん》がないことを表わしているわけで、美しい心、きれいな心も、そういう心のことだと思います。**

では、「邪念」とはなんでしょうか。辞書を引くと、間違った考え、雑念や妄想と書かれています。でも、間違えることは誰にでもあるし、雑念や妄想は生きているかぎり浮かんできます。これでは、邪念だらけということになってしまいます。

私は、邪念を「見返りを求める心」だと思っています。私たちは人になにかをしてあげるときに、自分もこうしたのだから、相手の人もこうしてくれるだろうと、つい見返りを求めてしまいます。そして、それをしてもらえないと、あてがはずれた、してあげないほうがよかったと思って、がっかりしてしまいます。でも、あなたがなにかをしたことで、相手が喜んでくれたのなら、それだけでいいのではないでしょうか。

また、人には、自分がすることを見てもらいたい、できればほめてもらいたいという気持ちもあります。2歳や3歳の子どもでも、自分がなにかするときには、「見て、見て」としつこくいいますから、人に見られたいとか、認められたいとか、ほめられたいというのは、人間の本能のひとつかもしれません。

邪念を100パーセント取り去ることは難しいかもしれませんが、自分がしたことは、よいことも、悪いことも含めて、自分自身が誰よりもよく知っているはずです。

私は子どものころ、亡くなった父からよく、「**天知る、地知る、己《おのれ》知る**」という言葉を聞かされました。私たちはいいことをしても、誰も見てくれないと残念だと思うし、その逆に悪いことをしても、バレなければよいと思ってしまいます。でも、そう思っても、そのことについては天が知っているし、大地が知っているし、なによりも自分自身がいちばんよく知っているという意味です。

ですから、**人が見ていようがいまいが、そうしたことに関係なく、自分がなにをするのかが大切なのです。**でも、これだけはいえます。見ていないと思っても、必ずどこかで、誰かが見ているものです。それを忘れないでください。

大人になるとは、どういうことですか？

　奈良時代以降、日本には「**元服**《げんぷく》」と呼ばれる儀式がありました。だいたい12～16歳ぐらいになると、大人の服や髪形に改めたり、武士の家では名前を変えたりしました。元服を済ませることで、大人だと見なされたわけです。**いま、日本では、とりあえず20歳になると成人式があり、そこから大人だと見なされています。**

　今年（２０１６年）の夏の参議院選挙から、選挙権年齢（選挙で投票できる年齢）が18歳に引き下げられることになりました。これまでは20歳にならなければ選挙で投票ができなかったのですが、これからは18歳になれば選挙で投票できます。もしかしたら、これからは、18歳以上を大人と見なすことになるかもしれません。

　このように、大人かどうかの基準のひとつとして年齢があると思いますが、年齢だけで、その人が本当に大人かどうかを決めることは難しいでしょう。世の中には、12、13歳ぐらいでも人間的にすばらしい人がいます。その反対に、60歳を過ぎても、どうしようもない人間だと思わせるような人もいます。

大人かどうかは、自分の話したこと、やったことに対してきちんと自分で責任がとれる

かどうかが大きいと思います。大人になると、たとえば18歳で自動車の運転免許が取れるとか、20歳でお酒が飲めるとか、いろいろとできることが法律的に増えてきます。しかし、**なにかができるようになる、許されるようになるということは、それにともなう責任を引き受けなければいけないということです。**

たとえば、車の免許を取ったら、交通ルールやマナーを守り、事故を起こさないようにしなければなりません。選挙権を得たら、選挙があれば投票に行き、また選挙違反をしないようにしなければなりません。もし、そうした責任をとらなかったり、違反したりしたら、当然、大人として罰せられます。

最近では、責任をとるのがいやで、大人になりたくないという若い人もいます。自分が好きなこと、楽しいことだけをやり、いつも誰かに守ってもらいたいと考えている人たちのことを「ピーターパン症候群《しょうこうぐん》」という言葉で呼んでいますが、そういう人は自己中心的な人ですから、最終的に誰からも相手にされなくなってしまいます。責任をともなうということは怖いことかもしれませんが、自分を見つめながら、少しずつ大人になってほしいと思います。

自分の言動に責任を持つ人になるということです。

どうして、嘘をついてはいけないのですか？

まず、あなたは誰かに嘘をつかれたいですか？

おそらく、そんな人はいないと思います。

人に嘘をつくということは、自分も嘘をつかれることがあるということであり、それがいやなら、嘘をつかないことです。

嘘をつくことの最大の問題は、一度、嘘をついてしまうと、それがバレないようにしたり、つじつまを合わせたりするために、また別の嘘をつかなくてはならなくなることです。

そうやって、ずっと嘘を重ねることになります。

最初は、ほんの小さなささいな嘘であったかもしれませんが、それがどんどん大きくなり、巧妙になっていきます。そのうち嘘をつくことに抵抗感がなくなり、罪悪感もなくなっていきます。

また、その嘘がバレないようにするために、どんな悪いことでも平気でするようになります。さらに進むと、自分でも嘘と真実の境い目がわからなくなります。

しかし、自分が嘘をついていることは、誰よりも自分自身がいちばんよく知っています。

そのため、その嘘がバレるのではないかと、毎日、気が気でなくなり、自分で自分を苦しめることになります。そして、嘘をついていたことがバレると、そのときは一気に人間としての信頼や信用を失ってしまいます。

仏教において守るべきとされる五つの基本的な戒め（五戒）のひとつに、「**不妄語戒**《ふもうごかい》」というものがあります。これは嘘をついてはいけないという意味です。

あるいは、これをしてはいけないという十の行い（十悪業《あくごう》）があります。「**妄語**《もうご》」（嘘をつくこと）、「**悪口**《あっく》」（人の悪口を言うこと）、「**両舌**《りょうぜつ》」（二枚舌を使うこと）、「**綺語**《きご》」（真実に反して飾り立てること）は十悪業に含まれ、いずれも嘘に関わりのあることです。

嘘は、いつか必ずバレます。そんなことはないというかもしれませんが、嘘をついた本人が知っているということは、少なくても本人にはバレているということです。だから、嘘をつくと苦しくなるのです。

でも、人間ですから、つい嘘をつくこともあります。また、相手を傷つけたくないと思ったり、その人のためによかれと思って嘘をつかなくてはいけないこともあるでしょう。ですが、嘘はできるだけつかないに越したことはありません。

お金がないと、人は幸せになれないのですか？

食べるものを買うお金もないとすれば、それは幸せかどうかという以前に、そもそも生きていけません。その逆に、使うのに苦労するほどお金があり余っている人がいたとして、その人がそれだけで幸せなのかといえば、そうではないでしょう。

そもそも、幸せというのは、「なるもの」ではありません。よく、「幸せになりたい」とか、「幸福になりたい」という言葉を聞くことがありますが、**幸せや幸福は「なるもの」ではなく、「感じるもの」です。**

ですから、お金が少なくて贅沢なことができなくても、なんとか食べていければ、それで幸せだと感じる人もいますし、お金がいくらあっても楽しくなければ、その人は幸せだと感じないでしょう。お釈迦さまも、「満足することを知らないものは、どんなに裕福であっても心は貧しい」といっています。

お金と人間の幸、不幸とは、必ずしも一致していません。また、お金もうけが悪いわけでもありません。ただ、お金というのは、本来は単なる手段です。自分が何かをするためとか、何かを買うためとか、その手段としてお金があります。欲しいものを手に入れるためにお金が必要だから、そのためにがんばってお金もうけをするというのならわかります。

ところが、そうして**目的もなく、ただお金が欲しいとか、お金を手に入れることだけが目的になってしまうと、それは空しい気がします。しかし、人は往々にしてお金が手に入ると、もっと欲しい、もっと欲しいと、それを得ることが目的になりがちです。それが、お金の魔力というか、怖いところでもあります。**

当然のことですが、お金をもうけるためには、それなりに努力が必要です。黙っていて、「棚からぼた餅《もち》」のようなことはありません。楽してもうけようと思うと、よくないことに手を染めてしまったり、投資話などのうまい口車《くちぐるま》に乗せられてだまされたりすることがあります。

やはり、**お金というのは、あくまで正当な労働に対する対価としてとらえ、生活するための手段だと考えるのがいいのではないでしょうか。**繰り返しますが、お金が多ければ多いほど幸せになれるというものではありません。お金に縛られたり、振り回されたりしないほうが、幸福な人生を歩めると思います。

いくらお金があっても、それだけでは幸せにはなれません。

学校の勉強は必要なのですか？　社会で役立ちますか？

学校、とくに小中学校で学ぶようなことが、社会に出てから直接、役に立つかどうかはわかりません。しかし、**勉強すればするほど、いろいろな知識や考えかたが身につくことはたしかで、それによって自分自身のことも深められるし、ものごとを正しく判断することにも役立ちます。**そもそも、基本的な漢字がわからなかったり、簡単な計算ができなかったりすれば、この日本で生活していくことすら困難になります。

また、小学校や中学校での勉強は単に知識を得ることが目的なのではなく、**勉強のしかたを学ぶことにも意味があります。**社会に出てからも、また何歳になっても、生きていくためには勉強が必要です。そのときに、こうすればものごとを学ぶことができる、こうすれば問題を解決できるという基本のやりかたがわかっていれば、それだけ効率的に勉強ができます。

ですから、**小中学校までの勉強というのは、家やビルを建てるときの土台づくりと同じようなものです。**

土台がしっかりしていないと、どんなにかっこいいデザインの家も、高いビルも建てることができません。無理やり建ててしまうと、ちょっとした地震や台風などで壊れてしまう危険性があります。それだけ、土台というものは重要なものです。

「学校の勉強なんか、どうせ社会に出たら役に立たない」と言う人がいますが、私にいわせれば、それは勉強をしたくないための言い逃れです。

少し厳しい言いかたになりますが、小学校や中学校程度の勉強をさぼって言い逃れをしているような人は、社会に出ても役に立たないと思います。それは成績がいい、悪いという問題ではなく、いまやらなければいけないことをおざなりにしているからです。やはり、学生の本分は勉強することです。それにしっかり取り組めないということは、その後、仕事についたとしても、きちんとした仕事ができないのではないでしょうか。

あなたがたの学校での勉強は、私たち禅宗のお坊さんにとっては、修行中に行う坐禅と同じようなものです。最初は、足が痛くて、しびれてどうしようもありません。逃げ出したくなります。しかし、坐禅ができなければ、禅宗のお坊さんにはなれないわけですから、それが務めだと思ってやるしかないのです。

学生なのだから勉強することが務め、そう覚悟を決めて取り組んでください。

学校での勉強は、勉強のしかたを学ぶためにするのです。

「親孝行」とは、なんですか？

おそらく、そうではないと思います。

親の希望どおりに生きたところで、あなたが幸せでなければ、それは親孝行にはならないでしょう。

『孝経《こうきょう》』という中国の古い書物の中に、「身体髪膚《しんたいはっぷ》これを父母に受く、あえて毀傷《きしょう》せずは孝の始めなり」という言葉があります。

人の身体はすべて父母から恵まれたものであるから、それを傷つけないのが孝行の始まりであるという意味です。

つまり、**健康でいること、それが親孝行だということです。**

私自身、親になって思うことですが、子どもが健康でいることがいちばん安心することです。それ以外のことは、その家や、その人によって違ってくると思いますが、なにはともあれ**自分の身体を粗末《そまつ》に扱わないこと、自分のいのちを粗末に扱わないことがいちばんの親孝行だと思います。**多少、学校の成績がよくないとか、運動が苦手だとか、そういうことはたいしたことではありません。

また、親孝行というと、親になにかをしてあげたり、なにかを買ってあげたりすることだと思っている人がいるかもしれませんが、そんなことよりも自分がどう生きていくかということのほうがずっと大事なことです。

親にとっては、自分の子どもが健康でいて、自立し、家族を持って幸せに暮らしている姿を見ることがいちばんの幸せです。語弊《ごへい》があるかもしれませんが、そう思わない親は本当の親ではないと思います。

親は子どもを育てたからといって、その見返りを求めているわけではありません。そういう親もいるかもしれませんが、ほとんどの親はそうではありません。

もし、見返りを求めるなら、これほどリスクが高いものはないでしょう。お金がかかるし、自分の時間を削られるし、あげくのはてにちっとも感謝してもらえないかもしれません。

それでも親は子どもに愛情を注ぎます。

その愛情に応えられるものがあったとしたら、それは子どもが健康で幸せに暮らすことなのです。

あなたが健康でいること、それがいちばんの親孝行です。

いじめや殺人はどうしていけないのですか？

最近、「人を殺してみたかった」という理由で、若い人が殺人や傷害事件を起こすケースが何件か続いています。また、あいかわらず、いじめを受けたことによる自殺が後を絶ちません。

そういうニュースを聞くと、いのちというものがあまりにも軽んじられているように感じてしまいます。同時に、想像力というものがなくなってしまったのではないかとも思います。**人をいじめたり、殺したりしてはいけない理由は、いじめられたり、殺されたりするのが自分だったらどうなのかということを想像すれば、おのずとわかるはずです。**

あなたは、殺されたいですか？
あなたは、いじめられたいですか？
あなたは、暴力をふるわれたいですか？
あなたは、無視されたいですか？

自分がいじめや殺しの対象になったらと考えると、恐怖で心が張り裂けそうになるのではないでしょうか。

自分がされたくないと思うことは、それを他人にもしないことです。

そもそも、自分と他人を分けてしまうから、他人の痛みや苦しみが想像できないということなのかもしれません。人をいじめることは自分もいじめられること、人を殺すことは自分も殺されることというように、**すべてを自分のこととして考えれば、その痛みや苦しみがよくわかるはずです。**

仏教ではよく、「**慈悲**《じひ》」という言葉が使われます。

辞書で「慈悲」を引くと、「あわれみ」とか、「いつくしみ」という意味が出ていますが、とくに仏教では「**抜苦与楽**《ばっくよらく》」という意味を込めて使います。「慈」は与楽、「悲」は抜苦を示しています。**与楽とは、相手に楽を与えるというよりは、相手の喜びを自分の喜びとしていくことです。抜苦とは、相手の苦しみを抜いてやるというよりは、相手の苦しみを自分の苦しみとしていくことです。**

このように自分と相手を重ね合わせて考えてみることで、相手に対する共感も生まれてきます。

自分が共感をおぼえる相手をいじめたり、殺したりするはずはないと思います。

あなたはいじめられたいですか？　それが答えです。

大人がよくいう「プライド」とはなんですか？

たしかに、大人はよく、「プライド」という言葉を口にします。

辞書を引くと、プライドとは、誇り、自尊心などと説明されています。誇りとは名誉に感じることですし、自尊心とは自己を尊重し、受け入れる気持ちです。わかりやすくいえば、「自分が大事」と思う気持ちといえばいいでしょうか。

ですから、プライドとは年齢にかかわらず、自意識のある人なら誰もが抱くものです。言葉としてそれを意識していなくても、あなたのなかにもプライドはあります。

ところが、**プライドという言葉をやたらと口にする人ほど、プライドとの付き合いかたを間違っている人が多く見られます。**

「俺のプライドが許さない」とか、「私のプライドが傷ついた」という言葉は、おそらく自分が軽く見られていると感じたり、思ってもいないような仕打ちをされたときに口にするのですが、それはつまり、他人の言動によって自分のプライドがおとしめられたと感じたということです。

しかし、**プライドとは本来、他人とは関係のないものです。あくまでも自分自身を律し、**

自分自身を高めていくためのものです。

他人がなにかをいったり、どう振る舞おうと、それによって自分のプライドが傷つくというものではありません。

たとえば、クラスメートの誰かが誰かをいじめようと、「あいつのことをみんなで無視しようぜ」とラインを回したとします。

そのときに、「俺はやらないよ。そんなことをするのは自分のプライドが許さない」というのならわかります。

自分がいじめに加わるのは卑怯なことであり、そんなことをするのは自分で自分をおとしめることになるのですから、**それをする自分を許せないという意味でプライドという言葉を使うのが、プライドの正しい使いかたです。**

プライドは、あくまでも自分を律するためのもの。そのプライドに照らして、恥ずかしいことをしないためのものです。

他人がなにをいおうが、なにをしようが、それで自分のプライドがどうなるものでもありません。

間違った行いをしないよう、自分を律するしくみです。

「自由」とは、どういうことですか？

ふだん私たちは、「自由」という言葉を英語のfreedom（フリーダム）の訳語として使っています。

自分の思ったこと、したいことができること、他人や、家族や、学校や、仕事といった自分を縛るものから解放されること、そういったイメージで自由というものをとらえています。

しかし、私たち**禅宗の人間が考える「自由」とは、その文字が示しているように、「自らに由る」ということです。自らに由るとは、自分自身がものごとの原因となることであり、それは端的にいってしまうと、自立するということです。**

では、なにからの自立かといえば、**自分自身を縛っている自分からの自立です。**家族や学校よりも、まず私たちは、自分で自分を縛っています。「どうせ俺はこんなもの」とか、「私はこういう人間」とか、私たちは自分で自分を限定してしまいます。それはつまり、自分で自分を縛っていることなのです。

そういう自分自身から解放されること、それがわれわれ禅宗の人間が考える自由です。

なんでも好きなことができることが自由ではないし、そもそもそんなふうに、なんでもかんでも自分の思いどおりになることなどありえません。

ですから、**自由でいることは、本当は難しいことなのです。**どうしたって私たちは自分の思い、煩悩、欲望などに縛られてしまいます。

外に目を向ければ、家族に縛られ、学校に縛られ、仕事に縛られ、社会に縛られています。なおいえば、私たちはいのちというもの、自然というものに縛られています。

そうしたものから完全に自由になることなど、まずできません。

しかし、そうした環境の中でも、本来の自由、自立というものをめざしていかないといけないと思います。

なんでもかんでも好きなことができるという意味での自由を求めるのなら、無人島にでも行って、一人で暮らせばいいでしょう。

しかし、もし本当にそういう状況に置かれたら、そのときはおそらく、自由というもののありがたさがわからないでしょう。

不自由だからこそ、自由の価値がわかるのです。

自分自身を縛る自分から解放されることです。

どうすれば、この世から戦争がなくなりますか？

誰がどう考えたところで、戦争がいいことだとは思わないでしょう。戦争がない世界が人類にとっての理想ですし、宗教もまた、本来はそういう世界をめざすものです。

しかし、現実には、人類の歴史が始まって以来、人と人の戦いや争いごとがなくなったことはありません。

たとえそれが間違った解釈に基づくものであれ、宗教の名のもとに、いまだに戦争やテロが続けられていることも事実です。平和を守るためといって戦争をしたり、その準備を進めたりするのは、明らかに矛盾です。

国と国同士のような大規模な戦争も、もとをたどれば、おそらく誰かが誰かのことを嫌いだという気持ちや、人を押しのけてでも自分がいい思いをしたいという欲望につながっているのだと思います。

お釈迦さまが直接、戦争に関して言及したことがあるかどうかはわかりませんが、ただ、「うらみをうらみで返すことはいけない」と言っています。

かつて、お釈迦さまの出身部族の釈迦族が、コーサラ国の王さまのうらみを買って滅ぼされようとしていました。

それを聞いたお釈迦さまは、枯れた木の下に坐って軍隊が進軍してくるのを待っていました。その王さまはお釈迦さまを見かけると、「なぜ、わざわざ枯れた木の下に坐っているのですか?」とたずねました。お釈迦さまは、「王よ、親族の陰は涼しいものだ」と、釈迦族のことを気にかけていることをそれとなく伝えました。それを聞いた王は兵を引き揚げますが、しばらくするとまた軍隊を出動させました。またしてもお釈迦さまは、木の下に坐っています。

そうしたことが三度繰り返されますが、とうとう四度目には、お釈迦さまも「これも釈迦族のかつての行いに対する報いだ」といって、木の下におもむきませんでした。それによって釈迦族は滅ぼされてしまいます。この話が、「仏の顔も三度まで」という故事の由来だとされています。

そののち奴隷となった釈迦族の人に対して、お釈迦さまは、「こうなったそもそもの原因は釈迦族にある。しかし、この悲しい状況もいつか変化していく。そのために、いま自分がなすべきことをしなさい。決してうらみをうらみで返してはいけない」と説きました。

うらみをうらみで返す、その連鎖を終わらせることです。

お金があっても幸せになれるとは限らない

1人当たりGDPと幸福度の関係

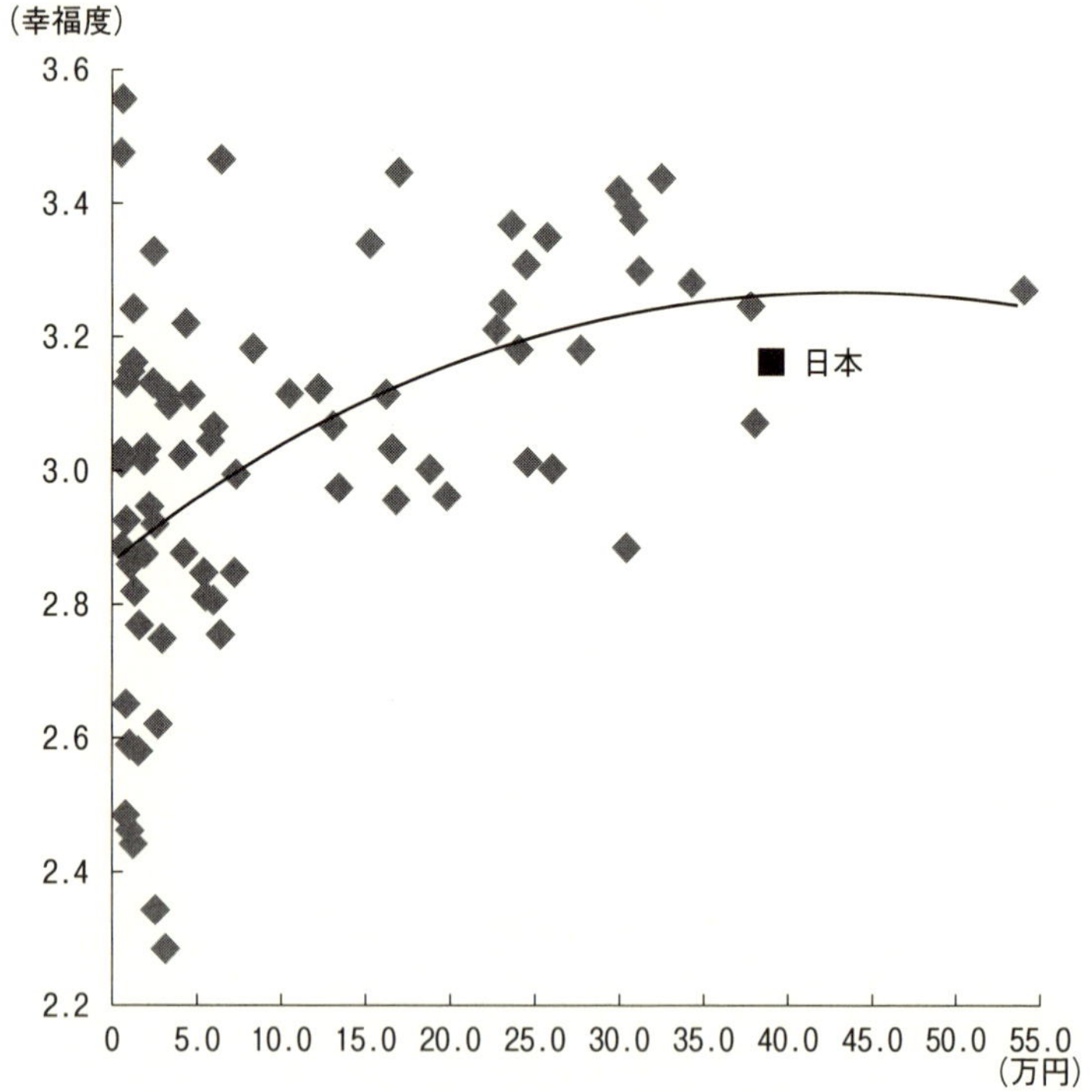

(出典：平成20年版国民生活白書)

第５章

仏教でよく聞く言葉には、どんな意味があるのだろう

「あの世」とは、なんですか？

前にも述べましたが、**「あの世」とは「来世」のことであり、それは私たちが死んだ後で向かう世界のことです。**

ただし同じ「あの世」でも、あなたが向かう「あの世」と、私が向かう「あの世」は異なります。それは、この世での生きかたに違いがあるからで、**その人の生きかたによって、向かう先の「あの世」は異なります。**

しかし、来世というものが本当にあるのか、あるとしたらどんなところなのか、私にはわかりません。お釈迦さまでさえ、前世について語らなかったのと同じように、来世についてもなにも語っていません。

もし、「あの世」があるとしたらの話ですが、私はぜひ、そこに行きたいと思っています。それは言いかたを換えると、**「あの世」というものがあると思って生きたほうが楽しいということです。**

というのも、そこで私は、私よりも先に亡くなった親しい人たち、たとえば私の父や母に会えるのではないかと思っているからです。でも、そう思う反面、生きていたころのようにまた父や母に怒られるかと思うと、ちょっと会いたくないという気持ちもあります。

お恥ずかしい話ですが、私はいつも父や母から叱られてばかりいました。ほめられたという記憶がほとんどありません。ですから、父や母のいない「あの世」に逃げ出したいなと思うこともあります。「あの世」でも怒られるなんて、ちょっとゾッとしますから。

でも、ひとつだけ、「あの世」で父や母に会ったときに、胸を張れることがあります。

私にはいま、三人の子どもがいるのですが、この子たちを、人なみに成人させることができれば、二人（私と姉）しか育てなかった父と母よりも、その点で少しだけ偉いのではないかと思っています。「私のほうが、あなたたちよりも一人多く子どもを育てましたよ」、と。

どうして、あるのかないのかわからない、実際には誰も見たことがない（見ることが不可能な）「あの世」などという概念を昔の人が考え出したのでしょうか。

おそらくそれは、**自分の親しい人、愛してやまない人が亡くなってしまい、その人が「あの世」で楽しく暮らすことを願ったからではないでしょうか。**ですから、「あの世」はあったほうが楽しいのであり、それはひとつの希望なのです。

「地獄《じごく》」や「極楽《ごくらく》」は、本当にあるのですか？

一般的に「地獄」というと、閻魔《えんま》さまという恐ろしい大王がいて、生きているときの行いによって残酷な責め苦や刑罰を受けるところと思われています。一方、それと正反対なのが「極楽《ごくらく》」です。そこには阿弥陀《あみだ》さまという優しい仏さまがいて、楽園のような世界が広がっていると想像されています。

いずれにしろ、地獄も極楽も、死んでから行くところというイメージです。これも、「あの世」と同じようなもので、実際に行って見てくることはできないので、あるとも、ないともいえません。

しかし、**地獄も極楽も、「あの世」にあるものではなく、いま生きている「この世」にあるものだといったら、みなさんはどう思うでしょうか。**

江戸時代の中期、白隠禅師《はくいんぜんじ》というとても偉いお坊さんがいました。その人のところにある武士が訪ねてきて、「地獄は本当にあるのか」とたずねました。白隠さんは、「おまえは武士のくせに、地獄が恐いのか」と悪口をいいます。最初は黙って聞いていた武士も、あまりの悪口にたまりかねて、刀のつかに手をかけました。その瞬間、白隠さんは、「そこが地獄だ」と言ったのです。その武士は自分の行動の愚かさに気づいて刀を置き、「たいへんもうしわけありませんでした。ありがたい教えをいただきました」というと、白隠さんは「そこが極楽だ」と言ったといいます。

つまり、**「こんちくしょう」と思った瞬間が地獄で、「ありがたいな」と思った瞬間が極楽だというわけです。**

ですから、地獄も極楽も「あの世」にあるわけではなく、日常生活の中で私たちの心は地獄へ行ったり、極楽に来たりしていると考えたほうがいいでしょう。

もうひとつ、こんな話もあります。

地獄も極楽も、実は同じものです。たとえば食事のとき、そこには1メートルの長い箸《はし》があり、地獄ではみんながわれ先にと争って、ごちそうに箸を伸ばすけれど、箸が長すぎて、誰も自分の口まで料理を運ぶことができません。一方、極楽では、その長い箸で料理をつまみ、「お先にどうぞ」と、テーブルの向こう側にいる人に食べさせてあげます。すると、その人もお返しにと、自分の長い箸で食べさせてくれます。

つまり、**気持ち次第で、そこが地獄にも極楽にもなるのです。**

「因果応報《いんがおうほう》」とは、なんですか？

因果応報とは、一般的に、よいことをしたらよいことが起こる、悪いことをしたら悪いことが起こるという意味です。善悪どちらに関してもいえることなのですが、最近はとくに、悪いほうの意味で使われることが多いようです。

しかし、本来は、いい、悪いという価値判断とは関係のないもので、因果の因とは、原因の因であり、因果の果とは、結果の果です。つまり、**「ものごとにはすべて原因と結果がある」ということを言い表わしたものです。**たとえば、タネをまけば芽が出るし、木を燃やせば煙が出ますが、それが因果応報ということです。

ただし、ここが難しいところですが、原因と結果は必ずしも一対一で対応しません。

Aという原因があれば、それが必ずBという結果になるというわけではありませんし、原因が違っていても、結果だけ見れば同じだったということもあります。

また、原因がひとつでも、何十という結果になることがありますし、その逆に、ひとつの結果が何十という原因から生じることもあります。

つまり、A＝Bというような単純な方程式ではないということです。しかし、結果をさかのぼっていけば、そこには必ず原因が見つかります。

さらにいえば、先ほど、よいことをしたらよいことが起こる、悪いことをしたら悪いことが起こるといいましたが、必ずしもそうではありません。そうなるのが理想かもしれませんが、いい原因から、悪い結果が起きる場合もあります。

たとえば、誰かが宝くじで何億円というお金を当てたとします。それが原因で、家族や親せきがケンカや言い争いをするようになり、その結果、一家離散してしまうこともあります。その逆に、たとえばお父さんの会社が倒産し、それが原因でお父さんが失業したとしても、かえってそのおかげで家族のきずなが強まったということもあります。

そもそも、いい、悪いを決めているのは、その人の心であり、その人の都合です。ある人にとってはいいことでも、別の人にとっては悪いことになることもあります。

自分が勝手に決めている、いい、悪いを、単純に因果（原因と結果）と結び付けてしまうところに、間違いのもとがあります。そもそも、何がいい原因になるのか、何がいい結果なのかは固定されていません。ただ、すべてのものごとには原因と結果があるというだけのことです。

「煩悩《ぼんのう》」とはなんですか？　悩みとは違うのですか？

あなたが毎日の生活の中で感じているさまざまな悩みも、広い意味では煩悩の一種といえるでしょう。**煩悩とは、心や体をわずらわせるもの、悩ませるもの、汚すものと、仏教では定義されています。**

この煩悩は、さまざまなものから生み出されますが、その代表的なものが「**三毒**」といわれています。**三毒とは、貪欲《とんよく》、瞋恚《しんに》、愚癡《ぐち》の三つ**をさし、それぞれ1字ずつをとって、貪《とん》・瞋《じん》・癡《ち》ともいわれます（難しい漢字が続きますが、ちょっと我慢して読んでください）。

貪（貪欲）とは、ものをむさぼる心で、あれも欲しい、これも欲しいと際限なく求めることです。瞋（瞋恚）とは、怒りの心です。怒りによって、人を拒絶したり、嫌いになったりします。癡（愚癡）とは、無知や愚かさのことです。それによって真実を見つめようとしない心を生んでしまいます。

こうした三毒に加え、慢（おごり高ぶること）、見（間違った見かた）、疑（疑うこと、迷うこと）などが、煩悩を生み出すもといわれています。

よく、煩悩は１０８個あるとされ、それは除夜《じょや》の鐘の数と同じだといわれますが、それが本当なのかどうかよくわかりません。煩悩の数は3個、5個、98個、108個、約8万4000個など、さまざまな説があります。

平たくいってしまえば、**煩悩とは、頭に浮かぶことのすべてだといってもよいでしょう。**浮かぶだけならいいのですが、浮かんだことを固定化してしまうというか、それにどうしてもとらわれてしまいます。

なにものかに心がとらわれた状態を、仏教では「**執着**《しゅうじゃく》」といいます。それが煩悩となって、悩みや苦しみを生むもととなったり、ものごとを正しく見ることを妨げる原因になったりするのです。仏教では、とくに禅宗では、この煩悩や執着を捨てることを修行の目的にしています。

でも、それはとても難しいことです。人間は他の動物と違って脳が発達していますから、次から次へといろいろなことが頭に浮かんできます。それが人類や文明を発展させてきたともいえますが、それによって悩みや苦しみも増えてきたのだと思います。

生きているかぎり、煩悩がまったくなくなることはないでしょうが、できるだけそれにとらわれない生きかたをしようと思うことが大切なのではないでしょうか。

「欲」とは、なんですか？ 欲深くてはダメですか？

生きていれば、あれをしたい、これをしたい、あるいはあれが欲しい、これが欲しいと思うことがあります。それが「欲」というものです。食べたい、寝たいというのも欲の一種ですから、そもそも欲がないと人間は生きていけないことになります。**生きていること自体が欲だといえるかもしれません。**

ですから、**欲それ自体には、いいも悪いもありません。よって、欲を持つこと自体にも、いいも悪いもありません。**

仏教ではよく「無欲」の大切さが説かれますが、無欲とは欲がないことではありません。そもそも、欲がなければ生きていけないからです。**無欲とは、欲に惑わされることがない、欲にとらわれることがないということであり、必要以上に求めすぎない、少ないもので満足するという意味です。**

つまり、欲そのものがあるかないかが問題なのではなく、人間にとって、どのような欲の持ちかたをすれば幸せになれるのかということが問題なのです。

たとえば、テストで1番になりたいというのも、ひとつの欲です。その欲を満たそうと思ったら、普通は一所懸命に勉強しなくてはなりません。そうすれば勉強ができるようになり、その結果として1番になれるかもしれません。つまり、テストで1番になりたいという欲を持つことは、あくまでも勉強ができるようになるための手段であり、そのためには努力が必要です。

ところが、ただ1番になることだけが目的になってしまうと、どんな手段を使ってでも1番になればいいということになってしまい、テストでカンニングしてもかまわないという間違った考えにつながりかねません。

また、欲というものは、それが満たされれば快楽を得られる性質があるため、これが手に入ったら、次はこれ、次はこれと、どんどんエスカレートしていく傾向があります。そうなれば、それを満たすことだけが目標となり、ほかはどうでもよくなります。いわば欲の奴隷になってしまうわけで、自分を見失う原因にもなります。

ここで満足しよう、これ以上は求めないようにしようという自制心が、欲と上手に付き合っていくために大切です。ほどほどのところで満足しようという態度を「少欲《しょうよく》知足《ちそく》」といいます。そのほうが、人はおだやかに生きていけるのです。

「縁」とは、なんですか?

「因果応報」のところでも述べましたが、すべてのものごとには必ず原因があります。しかし、原因が同じだからといって、必ず同じ結果になるとはかぎりません。**ある原因が、ある結果になるためには、そうなるための条件が関係してきます。この条件を、仏教では「縁」や「ご縁」と呼んでいます。**

キリスト教やイスラム教では、すべてのものを神が創造した、すべては神さまの思し召しと考えますが、仏教においては、そのような考えかたはしません。**あらゆる存在、あらゆるできごとには、必ずなにかしらの原因があり、それに関係する縁があり、そして結果(存在、できごと)があるというのが仏教の基本的な考えかたです。**

たとえば、夏になると大輪の花を咲かせるヒマワリがあります。花が咲く原因は、タネをまいたということです。そこに天候や土壌の性質などが縁として働くことで、結果として花が咲いたり、残念ながら途中で枯れてしまったりします。

また、たとえば、あなたが失恋したとします。失恋というのは、ひとつの結果です。その原因はなにかといえば、そもそもその人と出会ったことです。しかし、出会ったからといって、必ず失恋するとはかぎりません。その間に、お互いが好きになる、付き合う、好きではなくなる、別に好きな人ができるなどの条件が作用しなければ、失恋というできごとは起こりません。そうした条件を、「縁」と呼んでいるのです。さらにいえば、今度はその失恋が原因となって、そこになんらかの縁が作用することで、結果として引きこもりになったり、再び誰かを好きになったりします。

　このように見れば、原因と縁（条件）と結果は単純なものではなく、ひとつのものごとが原因になることもあれば、縁になることもあり、結果になることもあると、おわかりいただけるでしょう。私たちの生活や社会は、そうしたものが非常に複雑にからみあって成り立っています。

あらゆるものごとは、縁によってつながっているということもできます。ですから、どこかの国で起きている戦争や災害も、自分とは無関係というわけではないのです。人間同士の関係も同じことで、すべて縁が働いています。あなたは自分一人の力で生きているわけではなく、親や友だちをはじめ、さまざまな縁に支えられて生きているのです。そのことを忘れてはいけません。

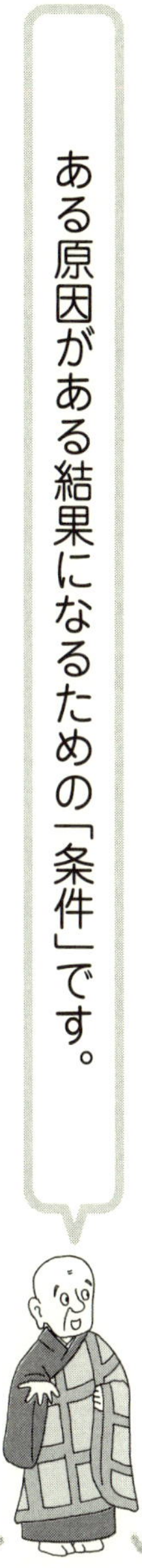

「悟り」とはなんですか？　どういう状態ですか？

悟りとは、簡単にいってしまえば「目覚める」ことです。夢から覚めることといってもいいでしょう。

私たちがなにかを思い込んでいる状態というのは、「ああなったらいいな」、「こうなったらいいな」と、自分勝手に夢を描いているのと同じ状態です。それが普通の状態でもあるのですが、**そうした状態から目覚め、きちんと現実を見つめることができるようになること、それが悟りです。**

ですから、**知識が身につくとか、たくさん修行をしたからといって、それで悟りが開けるわけではありません。むしろ、余計なものから解き放たれて、本来の自分に戻ることが悟りに近づく道かもしれません。**

なにかを思い込んでいること、なにかにとらわれていること、これを仏教では「執着」といいますが、人間は執着していると現実が見えないし、他人の言葉も響きません。なにが起きているのか冷静に見てとることができないし、どんなにいいことをいわれても聞こえません。それは執着が目を曇らせ、耳をふさいでいるからです。

ほとんどの場合、私たちは現実そのものではなく、自分の頭で考えた自分に都合のいい現実しか見ていません。つまり、自分が見たいようにしか見ていないし、聞きたいようにしか聞いていないのです。

ですからいろいろなものごとを体験したり、すばらしい言葉に接することも大切ですが、それ以上に、自分がどんな状態なのかということが重要です。そういう意味では、**つねに頭を空っぽな状態にしておくことが大切です。**

自分の都合ではなく、目の前のものを素直に見る、人の言葉に素直に耳を傾ける、それがいちばん大切なことであり、同時にいちばん難しいことでもあり、本当にそれができれば、その人は悟っているといえるのかもしれません。

もちろん、悟りと年齢はまったく関係ありません。年をとったからといって、それで悟りに近づくわけではありません。むしろ、赤ちゃんがいちばん悟っているといってもいい。赤ちゃんには自分の都合とか、余計なものが一切ないからです。私たち禅宗の人間は、いつも「子どもにかえれ」といわれます。赤ちゃんは、あるがまま、そのままです。悟りとは、このあるがまま、そのままに目覚めることだと思います。

仏教でよくいわれる「無」とはなんですか？

無というのは、文字どおり、「ない」ことです。しかし、ものがあるとか、ないとかということではなく、あると思っているものもまたないのであって、つまり**あらゆるものは無なのです。**

「なにをいっているのか全然わからない」といわれそうですが、無を説明するのは、とても難しいことです。なにせ無なのですから。ないものを説明することほど難しいものはありません。あなたはできますか、ないものについて語ることが？

仏教ではさまざまなとらえかたがされていますが、まず**無とは、ものごとには固定した状態がないということを表わしています。**どこかで書きましたが、たとえば私たちの身体はつねに細胞が入れ替わって変化していきます。私たちの考えも、つねに変わっていきます。また、たとえばあなたの目の前にコップがあったとします。床に落とせば割れて、ただのガラス片になってしまいます。いま、あなたが読んでいるこの本も、燃やせばただの灰になってしまいます。いま、コップがコップであり、本が本であるのは、たまたま一時的にそういう姿をしているからです。

このように、ものごとには絶対不変の定まった状態というものがありませんが、これを仏教では無ととらえ、「無常《むじょう》」と表現します。目の前にあるものだけでなく、地位とか、権力とか、財産といったものもすべて無常であって、ないものです。

みなさんは、親や先生から、「無心でやれ」といわれたことはありませんか。無心とは、心がないということではありません。心がなければ人ではありません。**無心というのは、他に心を奪われるものがないということです。**

他に心を奪われるものがなければ、いま自分の目の前にあるものにひたすら打ち込むことができます。勉強であれば勉強、遊びであれば遊びに集中できます。勉強しなければならないのに遊ぶことを考えたり、遊んでいるときに勉強のことを気にかけたりするのが、無心ではない状態です。

いま自分がやっていることに集中して取り組むこと、それが無心です。そのためには、これまでに得た知識や経験を離れることも大切です。知識や経験というものは、とかくその人の考えや行動を固定的なものにしてしまいがちだからです。そうしたものがない無の状態、それが無心です。

ものごとには固定した状態がないという意味です。

「ご利益《りやく》」というのは、本当にあるのですか？

ご利益というのは、神さまや仏さまが人間に与える恵みのようなものです。試験に合格したい、恋人がほしい、病気が治ってほしい、幸福になりたいなど、人はいろいろなことをかなえてほしくて神さまや仏さまに祈ります。そのために神社やお寺に行っておさい銭を納めたり、お札やお守りを買ったり、祈禱《きとう》をしてもらいます。

それが実際にかなえられれば、ご利益があったといって喜びます。かなえられなければ、ご利益がなかったといってがっかりします。しかし、**そのどちらも、自分が勝手に、自分の都合で判断しているだけです。**望みがかなえられたのは別にご利益のせいではないかもしれないし、そのときにかなえられなくても長い目で見ればそれがご利益だったということもあるかもしれません。

ですから、**ご利益はあると思えばあるし、ないと思えばないのです。**というか、私たちはつねにご利益を受けているという考えかたもできます。

たとえば、高校野球を考えてみましょう。あなたが甲子園をめざして苦しい練習をしているとします。あんまり苦しいので、明日は雨で練習が休みになるように神さまに祈ったとしましょう。しかし、天気がよくて、いつもより余計に練習をやらされることになってしまいます。そのとき、あなたはご利益がなかったと考えるかもしれませんが、そうやって練習に耐えたおかげで、甲子園に出られたとしたらどうでしょう。それがご利益だったとは考えられないでしょうか。

ようするに、なにをご利益と考えるかです。**その場しのぎでいいことが起きることをご利益と考えるのか、そのときは苦しくても結果的によいことが起きることをご利益と考えるのか、考えかたひとつで変わってきます。**その意味で、起きることがすべてご利益だということもできますし、私たちはつねにご利益を受けているということもできます。

結局、ご利益をあてにするのではなく、その場、その場で一所懸命にやるしか、私たちにできることはないのです。いま、この状況が、すでにご利益を受けている状況だと思って精いっぱいやることです。

学問の神さまといわれる菅原道真《すがわらのみちざね》の和歌に、「心だに真の道にかないなば祈らずとても神や守らむ」というのがあります。正しい心を持って正しいことをしていれば、神さまや仏さまは守ってくれます。

あると思えばあるし、ないと思えばありません。

天国と地獄は紙一重

そこにいる人の気持ち次第

第6章

そもそも仏教とは、どういう宗教なのですか？

「宗教」とは、いったいなんですか？

生きているかぎり、自分の思いどおりにならないことがあります。というか、世の中は思いどおりにならないことばかりです。

なかでも、自然に関することは人間の力や技術ではどうにもなりません。いくら人間が努力をしたところで、台風や地震、津波や火山爆発などの天変地異《てんぺんちい》を防ぐことはできません。

そこには人知《じんち》を超えた、得体《えたい》の知れない、何か大きくて不思議な力が働いているとしかいいようがありません。しかも、その力を私たち人間は直接、見ることはできません。

そのような**人間の力ではどうにもならないもの、見えないものに対して、おそれ多いと感じたり、ただ祈るしかないと感じたりするところから宗教の根っこのようなものが生まれてきたのではないかと思います。**

太古のむかしから暮らしを営むなかで、自然のもろもろの現象に対して感じざるをえないようなおそれ多さや祈りといったものが、その土地の気候、風土、習俗、文化などと複雑にからみ合って、そこからさまざまな宗教が生まれてきたのだと思います。わかりやすくいえば、**自分の力ではどうにもならないもの、見えないものに対する祈りが宗教の原点だといえるでしょう。**

たとえば神というものも、本来はそうした自然が持つ偉大な力に対する信仰から人間が創り出したものだともいえます。

その代表的なものが、エジプトの古代文明をはじめ、世界各地に見られる「太陽（神）信仰」です。毎日、東から昇り、西へ沈んでいくことを繰り返しながら、天上から光を届け、万物に恵みや災いをもたらす太陽は、人間にとって計り知ることのできない偉大な力を持つものの象徴として、神と見なされたのです。

天照大神《あまてらすおおみかみ》という日本の神さまの名前を聞いたことがあると思いますが、字を見ればわかるとおり、それは太陽そのものを表わしています。

宗教という言葉自体は、明治時代にReligion（リリジョン）という英語から翻訳して作ったものですが、「宗」というのは根本や大本《おおもと》という意味であり、その「教え」が宗教ということになります。**人間の心のよりどころとなるような根本の教えが宗教の根源的な意味ということになるでしょう。**

心のよりどころとなるような根本の教えです。

「仏教」とは、どういうものですか？

仏教とは、もっとも簡単に定義すれば、いまから約２５００年前に、お釈迦さま（ブッダ、釈迦如来《にょらい》、釈尊《しゃくそん》、釈迦牟尼《むに》とも呼ばれます）という一人の実在の人物によって説かれた教えです。

その教えの根本となっているのは、いかにして生きていくうえでの苦しみから解放されるかということです。

いま、日本で仏教といえば、人が亡くなったときにお葬式をしたり、先祖のお墓を守ることだと思っている人が多いと思いますが（もちろん、それも仏教の大切な要素のひとつです）、**本来、仏教は亡くなった人のためのものというより、いま生きている人が、どうすればこの世の苦しみから解放されるのかを説いたものです。**

前にも書きましたが、この苦しみとは肉体的な苦しみのことではなく、自分の思いどおりにならないことからくる苦しみです。

その苦しみを象徴しているのが、「四苦」という言葉です。四苦とは、生老病死《しょうろうびょうし》という根源的な四つの苦しみのことですが、この四つは、まさに自分の思いどおりにはならないことです。

さらに、愛別離苦《あいべつりく》（愛するものと別れなければいけない苦しみ）、怨憎会苦《おんぞうえく》（怨んだり憎んだりしている人と出会う苦しみ）、求不得苦《ぐふとくく》（求めるものが得られない苦しみ）、五蘊《ごうん》盛苦《じょうく》（肉体や精神が思うままにならない苦しみ）の四つの苦しみを合わせ、八つの苦しみを「八苦」といいます。

みなさんは、「四苦八苦《しくはっく》」という言葉を聞いたことがあると思いますが、あの四苦八苦は、ここからきているのです。

どうすればこの四苦八苦から解放されて、安心して幸福に生きていくことができるのかを説いたのが、お釈迦さまの教えであり、仏教が究極的にめざしているものです。仏教が生きている人のためにあるものだという理由は、ここにあります。

四苦八苦から解放されることを「解脱《げだつ》」といい、そのときの本当に心が落ち着いた状態を「涅槃《ねはん》」といいます。

どうしたらいま生きている人が苦しみから解脱でき、涅槃の境地を手に入れることができるのかを説いたのが、仏教のもっともベースにある教えなのです。

生きる苦しみから自分を解放するための教えです。

仏教は、そもそもどのようにして始まったのですか？

仏教が約２５００年前にお釈迦さまによって説かれた教えであるということは、さきほどお話ししました。

お釈迦さまは、インド北部のヒマラヤ山脈のふもとにある小国（コーサラ国の属領だったといわれています）を治めていたサーキャ（釈迦）族の王子として生まれました。

そのときの名前をゴータマ・シッダールタといいます。生後７日目に母親を亡くし、幼いころから繊細で、ふさぎこみがちな人だったそうです。

16歳で結婚し、子どももうけたのですが、生老病死に象徴される生きるうえでの苦しみに深く心を悩ませます。そして、とうとう29歳のときに生まれ育った城を出て、修行者となりました。

小国とはいえ、お釈迦さまは王子という身分ですから、衣食住をはじめとして何不自由なく暮らしていたと思いますが、だからこそ、**なぜこの世には生老病死など自分の思いどおりにならないことがあるのか、それを解決するにはどうしたらいいのかと、深く考えられたのかもしれません。**もし、食うや食わずの貧しい生活をしていたら、生きていくことに精一杯で、そんなことを考える余裕もなかったと思います。

出家したお釈迦さまは、最初、想像を絶するようなつらい苦行《くぎょう》を重ねました。

なぜ、それほどつらい修行をしたのでしょうか。

それはおそらく、苦しみを生み出す原因となる煩悩が宿るのは、この私たちの肉体であり、精神だからです。

その肉体を苦行によって徹底的に痛めつけることで、煩悩を滅することができると考えたのだと思います。

そうして、お釈迦さまは苦行を6年間も続けました。

苦行中のお釈迦さまをイメージして後世に造られた仏像では、目が落ちくぼみ、頬がこけ、骨と皮だけのガリガリの姿になっています。しかし、その6年間の苦行でも、結局、生きていくうえでの苦しみから解放された本当の心の平安（悟り）を得ることはできませんでした。

そこで、お釈迦さまは苦行を止め、尼連禅河《にれんぜんが》（ネーランジャラー川）で体を洗い清め、スジャータという名前の村娘が供養してくれた乳がゆ（おかゆの一種）によって体力を回復します。そして近くのガヤという村にあった菩提樹の木の下で、坐禅の修行に入りました。

その菩提樹の下で、ある日（いい伝えでは旧暦12月8日）、お釈迦さまは本当の悟りを開かれ、そこから仏教が始まったとされています。

ブッダガヤにある菩提樹の木の下（いまもブッダガヤのマハーボーディー寺には、挿し木した4代目が残されています）で悟りを開かれたお釈迦さまですが、最初はその悟りを誰か他の人に伝える気持ちはなかったといわれています。

というのも、悟りというものは、あくまでも自分自身で修行し、体得するものだからです。

それを言葉によって、はたして人に伝えることができるのか、また人はわかってくれるのか、そうしたことはムダな努力なのではないかと、お釈迦さまは考えられたそうです。

すると、そこへ梵天《ぼんてん》という神さまが降りてこられ、「この世で苦しんでいる人々のために、あなたが悟ったことをぜひ伝えてほしい」と、何度もお願いしたそうです（これを「梵天勧請《ぼんてんかんじょう》」といいます）。

そこでお釈迦さまは、自らが悟った心の平安を得られる方法を人々に説くために立ち上がりました。

その教えを最初に誰に説いたらいいかと考えたお釈迦さまは、かつて一緒に苦行していた5人の仲間に説くことにしました。実は、この5人は、お釈迦さまが苦行を捨てたとき、

「あいつはだめだ、堕落した」といって、お釈迦さまのもとを離れ、ワーラーナシー（かつてはベナレスと呼ばれていました）郊外のサールナートというところに去ってしまった人たちでした。そのかつての仲間に自分が悟った教えを説くため、お釈迦さまはブッダガヤからサールナートまで、おそらくトコトコと歩いたはずです。距離にして、およそ250キロ以上あります。

私もそこへ行きましたが、荒野のように何もない道です。お釈迦さまは何を考えながらこの道を歩いたのだろうと自分なりに想像してみましたが、おそらく一歩一歩、歩みを進めるなかで、自分が悟ったことやその教えに対する確信を深めていったのではないかと思いました。

このサールナートで、かつての修行仲間の5人に向かって最初に教えを説いたことを「初転法輪《しょてんほうりん》」と呼んでいます。その内容は、**「四諦《したい》（四聖諦《ししょうたい》）」と「八正道《はっしょうどう》」であったとされています。これはいわば、仏教の根本的な考えかた、ものごとの真理の捉えかた、修行を実践するための基本などを述べたものです。**

ここから仏教は、世界的な宗教に向けての歩みを始めました。

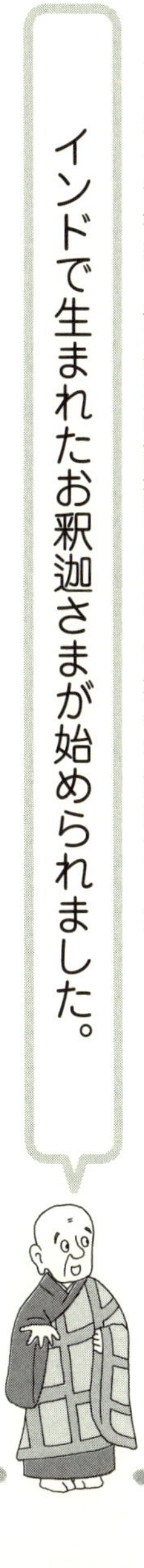
インドで生まれたお釈迦さまが始められました。

仏教で大切にしていることは、なんですか？――その①

どのような考えかたをし、どのようなことを行えば、この世で生きていくうえでの苦しみから解放され、心に平安や幸せを感じることができるか。それが、お釈迦さまが悟ったことであり、仏教の最大の教えです。

お釈迦さまが最初の教え（初転法輪）で説かれていることについて、少し見ておきましょう。

まず、「**四諦（四聖諦）**」ですが、これは「**四つの（聖なる）真理**」という意味です。その四つとは、**苦諦**《くたい》、**集諦**《じったい》、**滅諦**《めったい》、**道諦**《どうたい》であり、省略して一語で「**苦集滅道**《くじゅうめつどう》」ということもあります。

苦諦とは、この世のすべては苦しいことばかり、自分の思いどおりにはならないことばかりだという真理です。集諦とは、そうした苦しみにはすべて原因があるという真理です。それがさまざまな煩悩を生み出す原因となります。滅諦とは、そうした苦しみはなくすことができるという真理です。道諦とは、そうした苦しみをなくすための方法や修行があるという真理です。つまり、**四諦（四聖諦）とは、人間の苦しみを取り除くにはどうしたら**

いいのか、その根本となる考えかたをお釈迦さまが説いたものです。

このときのお釈迦さまを、お医者さんにたとえる見かたがあります。病気に苦しむ患者さんを前にしたお医者さんが、その病気には原因があること、それは治療や薬によって治すことができるものであること、またそのための具体的な方法を教えさとしているのと同じようなものだという考えです。

また、**「八正道」とは、生きるうえでの苦しみから解放され、涅槃の境地にいたるための修行の基本となる八つの正しい行いをさしています。**

その八つとは、**正見《しょうけん》**（ものごとを正しく知ること）、**正思惟《しょうしゆい》**（ものごとを正しく考えること）、**正語《しょうご》**（嘘をついたり、乱暴な言葉を使わないこと）、**正業《しょうごう》**（殺生や盗みをしないこと）、**正命《しょうみょう》**（人道に反したことをしないこと）、**正精進《しょうしょうじん》**（正しい努力をすること）、**正念《しょうねん》**（正しい心で真理を見極めること）、**正定《しょうじょう》**（正しい状態に心を定めること）です。

こうして見てくると、仏教の根本となるお釈迦さまの考えかたは、仏教に限らず、人としての正しいものの見かたや生きかたを示していると感じられるのではないでしょうか。

つまり、**仏教とは、私たちがよりよく生きるためのものなのです。**

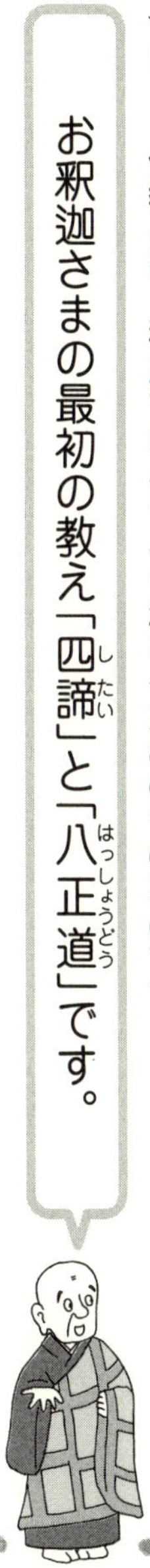

仏教で大切にしていることは、なんですか?――その②

前のところでは、仏教でもっとも大切にしていることのひとつとして、お釈迦さまが最初に説いた教えとされている四諦八正道について見てみました。

このほかにも仏教には、根本の教えや修行と考えられているものがたくさんあります。お坊さんに、「仏教でもっとも大切にしていることは、なんですか?」とたずねたら、それぞれの観点から、たくさんの答えが出てくると思います。

そうした答えのうち、おそらく多くのお坊さんが答えると思われる代表的なものをいくつかあげてみましょう。

まず、仏教の教えの前提というか、ベースとなっているものとして「**三法印**《さんぼういん》」があります。これは「**諸行無常**《しょぎょうむじょう》」(すべてのものは絶えず変化し、不変なものはない)、「**諸法無我**《しょほうむが》」(すべてのものは因縁から生じ、他との関係から独立して存在しているものはない)、「**涅槃寂静**《ねはんじゃくじょう》」(すべての煩悩をなくすことができれば心安らかな日々を送ることができる)の三つをさしています。これに、人生はすべて苦しみであるという「一切皆苦《いっさいかいく》」を加え、「四法印《しほういん》」ということもあります。

また、この問いに対して、「**三宝**《さんぼう》」と答える人もいるでしょう。**三宝とは仏・法・僧の3つのことで、仏はお釈迦さま、法とはお釈迦さまの教え、僧はお釈迦さまの教えを伝える者のことです。**

みなさんは聖徳太子が作ったとされている「十七条憲法」について学校で習ったと思いますが、その中に、「篤《あつ》く三宝を敬え、三宝とは仏法僧なり」と出てきます。聖徳太子は、仏教を篤く信仰した人でした。

禅宗で重んじられている教えのひとつである「**七仏通戒偈**《しちぶつつうかいげ》」を、答えにあげる人もいるでしょう。これは「**諸悪莫作**《しょあくまくさ》　**衆善奉行**《しゅぜんぶぎょう》　**自浄其意**《じじょうごい》　**是諸仏教**《ぜしょぶっきょう》」というものですが、「**もろもろの悪をなさず、すべての善を行い、自らの心を清めることが、もろもろの仏の教えである**」という意味です。要は、悪いことをするな、善いことをしろということです。

さらに、「**六波羅蜜**《ろっぱらみつ》」をあげる人もいるでしょう。これは仏教の修行で実践しなければならない六つの項目で、布施《ふせ》（施しを行うこと）、持戒《じかい》（戒律を守ること）、忍辱《にんにく》（耐えしのぶこと）、精進《しょうじん》（努力すること）、禅定《ぜんじょう》（集中して心を安定させること）、智慧《ちえ》（ものごとの真実を知ること）をさしています。

お坊さんによって大切にしている教えがいくつもあります。

日本には、いつごろ、仏教が伝わってきたのですか？

約2500年前に北インドで成立した仏教は、1世紀半ばごろに中国に渡り、さらに4世紀の終わりから5世紀の初めにかけて朝鮮半島に伝わり、そこから6世紀半ばにおおやけに日本に伝わったとされています。

「おおやけに伝わった」というのは、それ以前から日本へは多くの渡来人（帰化人）が朝鮮半島からやってきており、その人たちが自分たちの信仰する宗教として仏教を携えてきたケースも考えられるからです。

おおやけに日本に仏教が伝来したとされている年号は538年と552年の二つの説がありますが、いずれにしろ6世紀半ばの欽明《きんめい》天皇の時代に、朝鮮半島にあった百済《くだら》という国の聖明王《せいめいおう》から仏像や経典とともに仏教が伝えられたとされています。

もちろん、日本に仏教が伝えられたからといって、それがすぐに受け入れられ、定着したというわけではありません。

というのも、当時の日本にはすでに土着の信仰である原始的な神道《しんとう》が存在していたと考えられるからです。ですから如来《にょらい》、菩薩《ぼさつ》、明王《みょうおう》などの仏教の仏さまも、最初は神さまのひとってとらえられ、「蕃神《あだしくにのかみ》」、「今来《いまき》の神」などと呼ばれていたようです。

その後、大和《やまと》朝廷の内部で仏教を支持する蘇我《そが》氏と神道を支持する物部《もののべ》氏の対立がありましたが、蘇我馬子《そがのうまこ》が物部守屋《もののべのもりや》を倒したことで仏教支持派が権力を握り、その支援を受けた推古《すいこ》天皇が即位することで、国家をあげて仏教を受容する態勢ができあがりました。法隆寺を建てたことで知られる聖徳太子は、蘇我氏と協力しつつ、仏教的な道徳観に基づく政治を行ったことで知られています。

奈良時代になると、仏教によって国を守る「鎮護国家《ちんごこっか》」という考えかたが登場し、奈良の東大寺の大仏や諸国に国分寺《こくぶんじ》などが建てられました。さらに平安時代になると、最澄《さいちょう》が天台《てんだい》宗を、空海《くうかい》が真言《しんごん》宗を中国から伝えるなどして、仏教は貴族や京都周辺の人々に普及しました。

庶民にいたるまで全国的に仏教が普及したのは鎌倉時代以降のことです。

この時代に法然《ほうねん》（浄土宗）、栄西《えいさい》（臨済宗）、親鸞《しんらん》（浄土真宗）、道元《どうげん》（曹洞宗）、日蓮《にちれん》（日蓮宗）、一遍《いっぺん》（時《じ》宗）などが新しい宗派を構えることで、いわば日本独自の仏教として発展していきました。

6世紀半ばに朝鮮半島から伝わりました。

日本には仏教徒が多いのですか？

おそらくあなたは、自分が仏教徒だとは思っていないのかもしれませんね。あなただけでなく、大人でも自分が仏教徒だとは思っていない人が大勢いると思います。

ＮＨＫ放送文化研究所というところが２００８年に行った世論調査によれば、なんらかの宗教を信仰している人は39％なのに対し、宗教を信仰していないと答えた人は49％でした。また、宗教を信仰している39％の人のうちわけは、仏教34％、神道２・７％、キリスト教（プロテスタント、カトリック）０・９％でした。この数字だけを見れば、日本にはそれほど仏教徒が多いとはいえませんが、世界の動向をまとめた『ブリタニカ国際年鑑』の２０１３年版によれば、日本人の99％は広義の仏教徒とされています（ただし神道の信者との重複を含む）。

日本人に仏教徒が多いという前提で話せば、そもそもその数が多いのは、**江戸時代に「寺請《てらうけ》制度」という制度によって、ほぼ国民全員が仏教徒にさせられたことの影響が大きいといえるでしょう。**しかし、寺請制度は明治時代になくなり、信仰の自由が認められました。キリスト教の布教も自由になったのですが、それでも日本ではそれほどキリスト教の信者の数が伸びませんでした。

その理由として考えられるのは、日本人にはキリスト教のような唯一の神を絶対的な存在と見なす一神教《いっしんきょう》が合わなかったからだと思います。日本の神道からして、八百万《やおよろず》の神を認めています。仏教の仏さまも、数え切れないほどいます。家の中に仏壇と神棚が同居しているのも普通ですし、大みそかにはお寺に除夜の鐘をつきに行き、その足で元日には神社に初もうでに出かけることも当たり前のように行われています。子どもが生まれたらお宮参りに行き、亡くなったらお寺で供養してもらいます。

こうした信仰のありかたが、一神教を奉じている外国の人々にとっては不思議に見えるのかもしれません。これでは無宗教と同じではないかと思われても仕方ないでしょうが、私は日本人ほど宗教的な民族はいないと思っています。その証拠になるかどうかわかりませんが、ＮＨＫ放送文化研究所の調査でも、お盆やお彼岸にお墓参りをするかどうかたずねたところ、よくする人は65・8％、したことがあるという人は28・4％もいます。一神教の国々の人の基準には合わないのかもしれませんが、日本には日本ならではの信仰の形があっていいのだと思います。

仏教徒だけでなく、信心のあつい人が多くいます。

なぜ仏教と神道の両方を信じているのですか？

仏教というのは、いまから約2500年前にインドで実際に生きていたお釈迦さまの教えを根本としています。

そして、そこからアジアを中心に広がった宗教です。

一方の神道は、日本で発祥した日本独自のものであり、開祖や教祖といった人物は存在しません。

天照大神や**大国主命**《おおくにのぬしのみこと》、いざなぎのみことやいざなみのみことなどの神さまがいて、それをまつっているのが神社です。

「宗教とは何か？」（122ページ）のところでも述べましたが、おそらく神道は、どこの国、どこの地域にも見られる、いわゆる自然崇拝や先祖崇拝などのアニミズム（すべてのものに霊魂が宿っているという考えかた）的なものが発祥となり、それが神話と結びつきながら形を整えられてきたものだと思います。

ただし、日本には古くから「**神仏習合**《しんぶつしゅうごう》」という風習がありました。これは、**日本に大昔からある神さまと、もともと外来の宗教である仏教の仏さまを結びつけた信仰のことで**

す。

すでに奈良時代には、お寺に神さまがまつられたり、神社にお寺（神宮寺《しんぐうじ》）が建てられたりしていました。

また、日本の八百万の神さまたちは、実はさまざまな仏さまの化身《けしん》として日本の地に現われたものだという考えかたもありました。こうした考えかたを「**本地《ほんじ》垂迹説《すいじゃくせつ》**」といいます。

ですから日本では、長い間、仏教と神道がチャンポンになった状態で人々に信仰されてきたといえます。

そのため、神さまと仏さまの違い、お寺と神社の違いがいまひとつわからないという事態になっているのだと思います。

神社で神さまや祖先をまつることを祭祀《さいし》といいますが、その儀礼を行うのが神主さんをはじめとする神職の人たちです。

一方、仏教では、出家して修行を積んだ人が僧侶としてお寺を守ったり、お葬式や法事などの行事に携わったりしています。

日本では神さまと仏さまを結びつけてきたからです。

お釈迦さまの生涯

波乱万丈の人生に感動！

誕生（約2500年前）

父シュッドーダナ、母マーヤーとの間に、サーキャ族の王子として生まれる。ゴータマ・シッダールタと名づけられた。生まれてすぐに7歩歩いて、右手で天を指し、左手で大地を指して「天上天下　唯我独尊　三界皆苦　我当安之」と唱えたという伝説が残っている。4月8日に生まれたとされ、現在も花祭り（降誕会）としてお寺の大切な行事になっている。

幼少期

誕生の7日後に母親が亡くなり、ふさぎこみがちな性格だった。

少年期

16歳でヤショダラと結婚する。子宝にも恵まれるも、生老病死などの生きる苦しみに心を悩ませ、29歳のとき城を抜け出し、修行者になる。この城を抜け出す際、城の東門から出たときに老衰激しい老人に出会い、南門から出たときに苦しむ病人に出会い、西門から出たときに死者の葬列に出会う。そして、北門から出たときに、修行者と出会い、その姿に衝撃を受け、修行者になったという伝説が残っている。

出家後（30歳のころ）

瞑想（禅定）や難行苦行を行い、肋骨が浮き出るほどにやせ衰えるまで修行に明け暮れる。6、7年に修行がおよんだが、ついに悟りは得られなかった。苦行の無意味さを感じ、修行をやめる。そのとき、スジャータという娘が供養した乳がゆを飲み、体力を回復。この様子を見た他の修行者は、釈迦は堕落したと考えた。

成道（35歳のころ）

ブッダガヤという村にあった菩提樹の下で、坐禅を始める。そして、49日目の暁に大悟する。35歳、本当の悟りを開いたことから「ブッダ」と呼ばれるようになる。悟りを開いた日は12月8日で、現在も成道会として、仏教の大切な日のひとつ。

成道後

梵天の勧請に従い、世の中に自らが悟った法を説くため、さまざまな地をめぐる。最初に、かつて一緒に苦行をした5人がいるワーラーナシー郊外のサールナートに向かい、説法をする。この説法を、とくにこの世で初めて仏法が説かれたので「初転法輪」という。

その後、マガダ国のラージギル、コーサラ国舎衛城に隣接する祇園精舎で説法を行う。

入滅（80歳のころ）

北インドへの旅の途中、クシナガラの地で病が重くなる。沙羅双樹の間で、頭を北にして横になり、最後の教えを説き（涅槃経）、入滅。この日を2月15日として、仏教徒は涅槃会としている。

第７章

仏教を
理解するために
覚えておきたい基本

「仏さま」とは、どのような存在なのですか？

仏教において「仏」、あるいは「仏さま」とは、真理を悟った人、覚者《かくしゃ》という意味です。さらに仏教の開祖であるお釈迦さまのこともさしています。お釈迦さまは「ブッダ（仏陀）」とも言いますが、このブッダとは本来、悟りを開いた者という意味です。

また、現在では、お釈迦さま以外にも、観音《かんのん》さま（観音菩薩、観世音《かんぜおん》菩薩、観自在《かんじざい》菩薩）、阿弥陀さま（阿弥陀如来）、薬師《やくし》さま（薬師如来）など、仏教の信仰の対象になるような存在も仏さまと捉えられています。

仏さまが真理を悟った人であるということは、実は私たちも仏さまになることができるということです。

そもそも仏教では、生きとし生けるものはすべて仏さまと違わぬ心が宿っていると考えています。

それを表現した言葉が、「一切衆生悉有仏性《いっさいしゅじょうしつうぶっしょう》」です。お釈迦さまの教えを守り、精進《しょうじん》（努力）することによって、誰もが仏さまになれる可能性があるのです。

私は、仏さまのことを、**いま生きている私たちよりも先に亡くなった人生の大先輩たち**

だと思っています。その大先輩たちが、仏の道へと私たちを導いてくれているのだと考えています。

そう考えれば、**仏さまというものはどこか遠いところにいる存在ではなく、私たちの身近にいる親しい存在**だと感じることができます。

ですから仏さまは、キリスト教やイスラム教で考えられているような神さまとは別の存在です。キリスト教やイスラム教の神さまは、この世界のすべてを創造した唯一無二の絶対的な存在です。また、ギリシャ神話やローマ神話では神さまは人に似せて描かれますが、あれは人ではありません。人が神さまになることはできません。

日本の神話でも神さまが人間のように描かれることがありますが、人間が悟りを開いたからといって、神さまになることはできません。ただし、日本には古くから神仏習合という風習があり、大日《だいにち》如来を天照大神と見なすように、神さまを仏さまの化身として捉えることがありました。

例外はありますが、本来、人は仏さまになることはできても、神さまにはなることができません。

私たちよりも先に亡くなった人生の大先輩です。

仏さまには、どんな力があるのですか？

映画などでは神さまが登場してきて、超自然的な奇跡を行うシーンがあります。それは神さまでなくては持っていないような、まさに人間離れしたパワーや能力です。仏さまには、そのような形での特別な力はありません。

あえて仏さまの持っている偉大な力をあげるとすれば、悟りを開くことで、この宇宙や世界の真理をわかっていることだと思います。

ただし、仏教でも、仏さまが持っている特別な力として「**六神通**《ろくじんつう》」というものが知られています。みなさんは、「**神通力**《じんつうりき》」という言葉を聞いたことがありませんか。これはもともと仏教用語だった言葉で、仏さまが人々を救済するために備えている自由自在な力を表わしたものです。

六神通とは、**神足通**《じんそくつう》（思いどおりにどこへでも行くことができる力）、**天眼通**《てんげんつう》（どんなものでも見ることができる力）、**天耳通**《てんにつう》（どんな音や声でも聞くことができる力）、**他心通**《たしんつう》（他人が思っていることを知ることができる力）、**宿命通**《しゅくみょうつう》（自分や他人の過去世がわかる力）、**漏尽通**《ろじんつう》（煩悩がなくなったことを悟る力）の六つの力です。

どれも、すごい力だと思いませんか。でも、私たちも修行によって仏さまになれる可能性があると述べましたが、たとえば天眼通や天耳通というものは、偏見のない目でものを見たり、人の話に素直に耳を傾けたりすれば、私たちでもそれなりに深めることができるのではないかと思います。

これは裏を返せば、ふだん私たちが、いかにものごとを見ていないか、人の話を聞いていないかということでもあります。見ているつもり、聞いているつもりになっているだけです。あるいは、自分が見たいようにしか見ていない、聞きたいようにしか聞いていないということでもあります。ですから、**本当に偏見のない目でものを見ることができて、その相手が誰であっても人の話を素直に聞くことができれば、それだけで神通力があるといえるのではないでしょうか。**

また、そういう態度で臨めば、相手の気持ちや相手が何を考えているのか、わかると思います。自分の都合で相手のことを推し量り、こちらの都合に相手を従わせようとするから、見えるものも見えなくなり、聞こえるものも聞こえなくなり、相手の心もわからなくなるのだと思います。

仏さまは「六神通」という六つの力を持っています。

お経では、どんなことが説かれているのですか？

そもそも**お経（経文《きょうもん》）**とは、**お釈迦さまがさまざまな人に向かって説いた教え（説法《せっぽう》）を書き記したものです。**

ただし、それはお釈迦さまが直接、書き残したものではなく、お釈迦さまが亡くなられてから、その弟子たちがお釈迦さまの教えを何代にもわたって口伝《くでん》し、文字にしたものです。そのなかには、**直接お釈迦さまが説いたものだけでなく、おそらくお釈迦さまならこう説いたのではないかということも多く含まれています。**

お釈迦さまは35歳で悟りを開き、80歳で亡くなるまでの45年間、弟子や多くの人々に教えを説きました。お釈迦さまの教えの説きかたには特徴があり、それは「**対機《たいき》説法《せっぽう》**」と呼ばれています。対機説法とは、教えを聞く人の理解する力、または悩みの種類などに応じて、同じ内容の話でも、その人によりわかりやすいようにバリエーションを変えて説くことです。

ですから、俗に「**八万四千の法門**」といわれるように、ぼう大な数のお経があります。正確にどのくらいあるのか、おそらく誰にもわからないと思います。なぜ、そんなに多いのかといえば、いまいったように、聞く人に合わせて説きかたを変えたからです。たとえば、生老病死について子どもに教えるのと、60、70歳の人に教えるのでは、同じ内容でも表現は違ってきます。それをひとつずつと数えていけば、単純に考えても、45年間では相当な数になります。

みなさんも**『般若心経《はんにゃしんぎょう》』**というお経の名前を聞いたことがあると思いますが、『般若心経』は一般の方々にとっても、もっとも身近なお経です。わずか262文字の短いお経の中に、仏教の神髄《しんずい》が詰まっているといわれています。

その中の有名な一節が、「色即是空《しきそくぜくう》　空即是色《くうそくぜしき》」です。すべてのものごとは変化してやまないものであり、それがこの世に存在するもののすべてであるという意味ですが、そのことが理解できれば、人は安らぎの境地に至ることができると説いています。

お経というと、日本では亡くなった人のためにお葬式などで唱えるものというイメージが強いかもしれませんが、決してそうではなく、むしろ**生きている人への教えがお経です。人はいかに生きるべきかを考えてお釈迦さまが説いたものです**から、そこから学べることが無尽蔵《むじんぞう》にあります。

「今をいかに生きるべきか」について説かれています。

お経を読むとき、どんなことに気をつけますか?

お経には、梵語《ぼんご》（サンスクリット語）やパーリ語で書かれたもの、中国語で書かれたもの、さらに日本語で書かれたものがあります。たとえ日本語で書かれたものであっても、難しい言葉や古い言葉、専門的な用語が使われているものが多く、そのままでは一般の人にとって理解することが難しいといえるでしょう。

しかし、**お経の中には若い人にもわかりやすいように現代語に訳されたり、注が付けられたりしたものがあるので、そうしたものを選んで読めば、それなりに理解することができると思います。**

お経は、おもしろいものです。ときどき、とんでもないことが書かれています。

たとえば、お釈迦さまが生まれたときにいきなり7歩歩いて、「天上天下唯我独尊」といったと書かれています。観音さまを一心に念じたら、マグマのようなところに飛び込んでもそこが池になったとか、大海で溺れそうになったのに波がやんでしまったとか、普通に考えたらありえないことが次から次へと出てきます。

もちろん、そんなことを現実に信じているお坊さんは一人もいません。そうしたとんでもないことは真実として書かれているのではなく、比喩《ひゆ》として書かれているのです。比喩とは、たとえ話のことです。その**比喩を読みとることが、お経を読むときの大事なポイントのひとつです。**

お経は、お釈迦さまが亡くなってから、弟子をはじめとする後世の人たちが作ったものですが、**なぜそんな奇跡のようなことや奇妙キテレツなことを、わざわざ比喩を使ってまで書かなくてはならなかったのか、そこを想像して読むことが大切です。**

書かれてあることをそのまま信じるのではなく、なぜ後世の人間がそういう物語に仕立て上げていったのか、そこにどんな問題があり、どういうことを伝えたくてその物語を作っていったのか、**そこを想像し、理解することが、お経を読むポイントであり、醍醐味《だいごみ》でもあります。**

そうしたことに注意してお経を読んでいくと、とんでもないこと、奇妙なことばかりではなく、きわめて合理的で、科学的なことが書かれてあることに気づくことがあります。お釈迦さまの時代に科学的などという言葉はなかったでしょうが、お釈迦さまが唱えていることには、科学的で論理的なことがたくさん含まれています。

奇妙キテレツな表現の奥にある意味を考えることです。

根本となるお経はあるのですか？

数え切れないほどあるお経ですが、やはり宗派によって、根本となるお経がそれぞれあります。

たとえば天台宗なら『法華経《ほっけきょう》（妙法蓮華経《みょうほうれんげきょう》）』ですし、浄土宗や浄土真宗なら『浄土三部経《じょうどさんぶきょう》』と呼ばれるお経があります。

華厳宗では『華厳経《けごんきょう》』、真言宗では『大日経《だいにちきょう》』や『金剛頂経《こんごうちょうきょう》』などが根本経典とされています。

このように宗派によって根本となる経典のことを、「**所依《しょえ》の経典**」といいます。

私は臨済宗という禅宗の一派に属していますが、よく読むお経としては、『般若心経』、『観音経』などがあります。

けれども、禅宗はもともと、特定のお経をよりどころとして成立した宗派ではありません。

お経は、お釈迦さまが弟子や人々に向かって説いた教えがもとになっています。

お釈迦さまが人々に教えを説くことができるようになったのは、もとをたどれば、ブッダガヤという村の菩提樹の下で坐禅を組み、そこで悟りを開いたからです。

その行為がすべてのおおもとです。

それを自分たちも同じように追体験しよう、自分たちのよりどころにしようという考えから誕生したのが禅宗です。

ですから、**禅宗には根本となる特定のお経がありません。**

文字として書かれたものよりも、悟りへ至る体験そのものを大切にしているのが禅宗といえるかもしれません。

そうした禅宗の根本的な考えかたを表わしているのが、「**不《ふ》立《りゅう》文《もん》字《じ》、教《きょう》外《げ》別《べつ》伝《でん》、直《じき》指《し》人《にん》心《しん》、見《けん》性《しょう》成《じょう》仏《ぶつ》**」という言葉です。

これは、「文字（＝お経）を絶対的なものと考えず、お経に書かれているものとは別の自分自身の言葉で教えを語り、現在の自分のままで、自分の本性を明らかにする」という意味です。

この言葉からもわかるように、あくまでも自分自身が、いま、ここで、お釈迦さまの悟りを追体験できるかどうかが禅宗ではなによりも大事なものとされています。

宗派ごとに根本のお経がありますが、禅宗にはありません。

先祖を供養するとはどういうことですか？

「供養《くよう》」とは本来、仏さまなどにお香や花、灯明《とうみょう》、飲食物などのお供えものをささげることです。しかし、**日本では、ご先祖さまや亡くなった人に対する追善《ついぜん》供養をさしていることが多いようです。**

追善供養とは、亡くなった人の命日などに親族や近しい人が集まって法事を営み、その人の冥福《めいふく》を祈ることです。本来の追善の意味は、追って善を行うこと、つまりあとから善を行うということです。

自分たちが、いま生きている状態を振り返ってみましょう。いつもいい行い（善）ばかりしているという人が、どのくらいいるでしょうか。どちらかといえば、人に迷惑をかけていることのほうが多くありませんか。お母さんは当たり前のようにごはんを作り、洗濯をして、掃除をしてくれますが、それも第三者の目から見れば、お母さんに迷惑をかけていることになります。

おそらくご先祖さまも、生きているときに人に迷惑をかけたり、もしかしたら悪いことをしたかもしれません。そのことを反省して、悔い改めようと思っても、すでにその人は現世にいません。ですから、**その人になり代わって、いま生きている人たちがいい行いをすることで、その善行をあの世にいる人にギフトとして贈ることができるのです。**あるいは、ご先祖さまが極楽にいるとしても、ときにはどうしているかなと気にかけてあげないと、寂しがるかもしれません。

それが追善ということです。この世の善をあの世にいる人にさし向けるのです。向こう側に回りめぐらすという意味で、「**回向**《えこう》」とも呼ばれています。

それが、結局は自分自身が善を積むことにつながり、自分のためにもなっていきます。また、亡くなった人の追善供養をきっかけに親族や知人、友人などが集まって思い出を語ることで、故人の新たな面を発見できるかもしれませんし、そこから新たな縁が生まれるかもしれません。ですから追善供養は、**亡くなった人と自分の縁をもっと深めたり、新たな縁を結ぶ機会なのです。**

ご先祖さまを供養をしなければ罰が当たると思っている人もいるかもしれませんが、ご先祖さまはそんなことはしません。仏教では、ご先祖さまが生きている人たちに祟《たた》るという考えには立ちません。

故人との縁を深めたり、新たな縁を結ぶ機会です。

「戒名《かいみょう》」とは、なんですか？

みなさんは、位牌《いはい》というものを見たことがありますか。

家に仏壇がある人は、その中に難しそうな漢字をつらねた木製の縦形の名札のようなものが置かれているのを見たことがあると思います。それが、位牌です。その**位牌に書かれている文字が、亡くなった人に与えられた戒名**です。宗派によっては、法名《ほうみょう》、法号と呼ぶこともあります。

正式には、**戒名とは仏教において受戒《じゅかい》した人に与えられる名前です。**受戒とは、仏教徒として生きていくために守らなければいけない戒律を受け入れることです。

つまり、自分が仏さまの弟子となり、教えや規律を守りながら仏教の信者として生きていくことを誓った証《あかし》が戒名です。キリスト教であれば、教会でキリスト教徒としての洗礼を受け、洗礼名をいただきますが、その洗礼にあたるのが受戒であり、洗礼名にあたるのが戒名です。

ですから、本来であれば生きている間にいただくのが戒名なのですが、日本では亡くなった直後に菩提寺の住職から戒名をいただくのが一般的です。これは死後に人は成仏するという考えかたからきた風習だと思われます。いわば仏さまになるわけですから、仏教徒としての戒名がないとおかしいということになります。

戒名には、生前の人柄や社会的業績を表わす文字、本人の名前の1字、仏教の経典に登場する深い意味を持った言葉などからとった字が付けられます。その付けかたは、宗派によってさまざまに異なります。

臨済宗の場合、いちばん短い場合は、「○○信士《しんじ》」（男性）、「○○信女《しんにょ》」（女性）のように4文字で構成されます。この○○にあたる文字が本来の戒名であり、信士や信女は位号と呼ばれます。通常は「□□○○居士《こじ》」、「□□○○大姉《だいし》」のように6文字で構成されたものが多いです。この□□にあたるのが、道号と呼ばれるものです。みなさんも知っている一休さん（一休宗純）の一休は道号で、宗純が戒名です。

私が住職を勤める全生庵を開いたのは、幕末から明治時代にかけて活躍し、剣、禅、書の達人としても知られた山岡鉄舟《てっしゅう》という人ですが、その戒名は「全生庵殿鉄舟高歩大居《ぜんしょうあんでんてっしゅうこうほだいこ》士《じ》」と11文字もあります。全生庵殿が庵号、鉄舟が道号、高歩が戒名、大居士が位号にあたります。家に仏壇がある人は、位牌にどう書かれているか、今度たしかめてみてください。

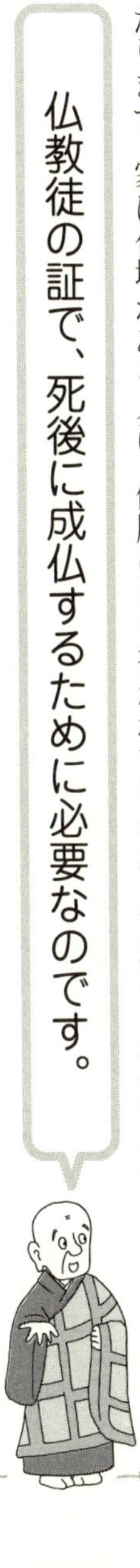
仏教徒の証で、死後に成仏するために必要なのです。

お寺の「檀家《だんか》制度」とは、なんですか?

檀家とは、別名、「**壇越《だんおつ》**」ともいいます。もともと、古代インドの言葉であるサンスクリット語の「ダーナパティ」に由来し、「お寺や僧侶を援助する人」という意味でした。**亡くなったときにお葬式をしてもらったり、先祖の供養やお墓の管理をしてもらう代わりに、そのお寺に対してお布施《ふせ》（次項参照）をすることで、お寺の運営や維持、住職などの生活を支えるのが檀家の役割です。**檀家から見れば、支えるほうのお寺を檀那《だんな》寺や菩提寺といいます。

このようなお寺とお布施の関係は、いわばギブ・アンド・テイクの関係ということになりますが、お寺と一般の人々がそのような関係になったのは室町時代の末期ごろといわれています。江戸時代になると、それがある種の制度として確立されました。

以前にも登場しましたが、お寺が人々の戸籍を管理し、その人の身分を保証する寺請制度が、こうした関係の基盤となりました。

つまり、人々はどこかのお寺の檀家にならなければ、どこの誰という身分が保証されなかったのです。

現在は、法的な制度としての檀家制度は残っていません。

しかし、現在でも、お盆やお彼岸にはお墓まいりで菩提寺を訪れたり、お葬式や法事のときには菩提寺の住職に来ていただいて、お経をあげてもらう家がたくさんあります。

また、お寺の建物の修理や改築などのときには、その費用を檀家さんが中心となって寄付（布施）したり、境内《けいだい》で大がかりな作業などが必要とされる場合には、手伝いに参加したりします。

つまり、形のうえでの檀家制度は残されているということになります。

自分の家が、どこのお寺の檀家さんなのかは、ぜひ、ご両親や祖父母に聞いてみてください。

もし、自分の家のお墓がどこかのお寺にあるという場合は、そのお寺の檀家さんである可能性が高いということになります。

基本的には、お寺に墓地を購入したら、そのお寺の檀家になる必要がありますが、最近では、檀家制度そのものをやめているお寺もあるので、そうしたところでは檀家になる必要はありません。

先祖を供養したり、お墓の管理を目的とするしくみです。

お布施《ふせ》には、どんな意味があるのですか？

わかりやすくいえば、「お布施」とは檀家さんが菩提寺に対して行う寄付のようなものです。

檀家さんとしては、お寺にあるお墓を守ってもらったり、お葬式や法事を取り仕切ってもらったり、お寺の行事などで説法を聞かせてもらったりすることに対して寄付をすることで、菩提寺を維持していることになります。

言いかたを換えれば、**その菩提寺にとって、お布施はお寺を維持・運営していくために必要な資金ということになります。**それに加え、そのお寺の住職（や家族）にとっては、お布施の一部が自分たちが生活していくための収入になります。

檀家さんからいただくお布施は、あくまでお寺やご本尊さまに対していただくものです。お寺の人は、その一部を生きていくための糧として使わせていただいているわけですから、自分が贅沢をしてはいけないと思います。そこを間違えているお坊さんが少なからずいることは、非常に残念なことです。

現実的には、いまはお布施といえば金銭のことをさしますが、本来は金銭とは限りません。もともと布施とは、サンスクリット語の「ダーナ」のことであり、他人に対して財物を施したり、相手のためになるようなことをしてあげることをさしていました。このダーナに漢字をあてると、「檀那」もしくは「旦那」となりますが、いま普通に使われている「ダンナさん」という言葉は、実はここからきています。

布施には、本来、3種類あります。お金や衣服や食べものなどの物質的なものを施すことを「**財施**《ざいせ》」といいます。仏さまの教えを説いてあげることを「**法施**《ほっせ》」といいます。お坊さんがする説法も、この法施にあたります。もうひとつが「**無畏施**《むいせ》」です。これは安心できる環境を与えたり、恐れを取り除いてやることです。思いやりのある言葉をかけたり、電車やバスで人に席を譲ってあげることも無畏施になります。

このほかにも、相手に対して笑顔を見せること（**和顔施**《わげんせ》）、やさしいまなざしで相手を見ること（**眼施**《がんせ》）、相手に対してやわらかい言葉づかいをすること（**言辞施**《ごんじせ》）なども布施になります。**いずれも相手を思う気持ちややさしさが大切ですし、施しをしたことに対して見返りを求めてはいけません。**私たち仏教徒にとっては、こうした布施は執着を離れるという意味で大切な修行のひとつでもあります。

日本にはどれくらいお寺があるのですか？

現在、日本には約7万5000寺のお寺があるといわれています。これはほかの仏教国と比べても、とても多い数です。

そもそもお寺は、皇族、豪族、貴族、武士など、かつて日本の国で権力を握った人たちが自分たちの力を誇示《こじ》したり、亡くなったら極楽浄土に行くことを祈願したり、先祖や身近なものの死を供養するために多く建てられました。また、仏教を一般の人々に布教するための拠点として建てられたものもあります。

しかし、それらにもまして日本中のいたるところにお寺があるのは、江戸時代に幕府によって「寺請《てらうけ》制度」という制度が作られたからです。

この寺請制度とは、現代ならば市役所や町役場などで戸籍の管理をするようなものです。その戸籍係を、お寺が担わされたのです。そのため、基本的にはどこの村でもお寺がありました。

また、日本の仏教には、華厳《けごん》宗、法相《ほっそう》宗、律《りっ》宗、天台《てんだい》宗、真言《しんごん》宗、、浄土《じょうど》宗、浄土真《じょうどしん》宗、臨済《りんざい》宗、曹洞《そうとう》宗、日蓮《にちれん》宗、時《じ》宗、黄檗《おうばく》宗など、大小さまざまな宗派がありますが、**もっと**

もお寺の数が多い宗派は浄土真宗で、約2万寺あります（ただし浄土真宗は徳川家康によって東西の本願寺に分けられたため、ひとつの宗派として数えないこともあります）。

信者の数も浄土真宗がいちばん多いでしょう。以下、お寺の数が多い順に、曹洞宗が約1万5000寺、真言宗が約1万2000寺、臨済宗が約5800寺、浄土宗が約5000寺、日蓮宗が約4600寺、天台宗が約4200寺などとなっています。

宗派の違いは、お釈迦さまの教えをどのような角度や視点からとらえ、どのような手段や方法によって人々に説き、伝えていくかの違いだといってもいいでしょう。

学校の勉強も、実はこの宗派の違いと同じようなものです。みなさんは学校で、国語、数学、歴史、理科などを科目別に学び、それぞれ別のものだと思っているかもしれません。でも、それらの科目はそう違うものではありません。

ものごとにどのような角度や視点からアプローチし、それをどう理解し、理解したことをどのように表現して人に伝えていくかの違いだけです。教科の名前こそ違え、根本では同じことを学んでいるし、それらはまったく独立したものではなく、相互に関係し合っているのです。

約7万5000の寺があり、浄土真宗のお寺が最多です。

お寺は日本にたくさんある

仏教の主な宗派のお寺の数と信者数

宗　派	開　祖	本　山	寺院数	信者数（人）
華厳宗	審祥・良弁	東大寺	58	4万4000
法相宗	玄奘・窺基・道昭	薬師寺・興福寺	60	61万5000
律　宗	鑑真・道宣	唐招提寺	115	13万
天台宗	最澄	比叡山延暦寺	4200	311万
真言宗	空海	高野山金剛峯寺・東寺	1万2000	1382万
浄土宗	法然	知恩院	5000	650万
浄土真宗	親鸞	東本願寺・西本願寺	2万	1333万
臨済宗	栄西	南禅寺・大徳寺・天竜寺・相国寺・建仁寺・東福寺・妙心寺・興聖寺・円覚寺・永源寺・向嶽寺・方広寺・仏通寺・国泰寺	5800	198万
曹洞宗	道元・瑩山	永平寺・総持寺	1万5000	690万
日蓮宗	日蓮	身延山久遠寺	4600	230万
時　宗	一遍	清浄光寺	413	30万

※寺院数、信者数は概数。

第８章

私たちの
暮らしの中に
根づいている仏教

「いただきます」や「ごちそうさま」に意味はありますか？

「いただきます」も、「ごちそうさま」も、**どちらも感謝を表わす言葉です。**よくいわれるように、**「いただきます」とは、いのちをいただくということです。**私たちは自分のいのちを永らえさせるために、動物の肉や野菜などの植物を食べなくてはなりません。私たちと同様に、そうした動物や植物にもいのちがあります。そのいのちをいただかせてもらって、私たちは自分のいのちをつないでいます。

そのことに対して、さらには動物や植物を生み出している大いなる自然への感謝の気持ちとして、「いただきます」を唱えるのです。

「ごちそうさま」も、やはり感謝を伝えるための言葉です。

「ごちそうさま」は、漢字で書くと「ご馳走さま」となります。「馳」も「走」も、どちらも走るという意味です。**走り回るようにして食材を集め、それを料理して、もてなしてくれる人たちがいるからこそ、自分は食事をすることができます。そのことに対する感謝の気持ちが「ごちそうさま」なのです。**

私たち臨済宗では、食事をいただく前に『食事五観《ごかん》』というお経を読みます。それを紹介しましょう。

一つには功の多少を計り、彼《か》の来処《らいしょ》を量《はか》る。
二つには己が徳行《とくぎょう》の全欠と計って供《く》に応ず。
三つには瞋《しん》を防ぎ過貪等《とがとんとう》を離るるを宗《しゅ》とす。
四つには正に良薬を事とするは形枯《ぎょうこ》を療ぜんが為めなり。
五つには道業を成《じょう》せんが為めに当《まさ》に此の食《じき》を受くべし。

大意をいえば、この食事ができあがってくるまでにどれほどの手間がかかり、その材料がどこから来たのかを考え、自分がこの食事の供養を受けるのにふさわしいだけの正しい行いができているのか反省し、怒りやあやまちやむさぼりなどから離れることを根本とし、食事という良薬をいただくのは身体がやせ衰えるのを防ぐためで、仏道を成就するためにこの食事をいただくのである、という意味です。

みなさんが毎回の食事でここまで考えることはないと思いますが、ときどきはこうしたことも意識して食べものに向き合ってみてはどうでしょうか。食べものを粗末にしてはいけないということが、よくおわかりいただけると思います。

食材や料理人への感謝の気持ちを表わしています。

仏壇やお墓の前で手を合わせるのはなぜですか？

顔や胸の前で両方の手のひらを合わせることを「合掌《がっしょう》」といいます。このポーズは、**仏教発祥の地であるインドで古くから行われてきた敬礼や礼拝のしぐさの一種と考えられています。**

インドでは、右手を清浄、左手を不浄と見なす考えかたが昔からありました。みなさんもテレビなどでインド人が手（指先）を使ってカレーを食べている映像を見たことがあると思いますが、そのときに使うのは右手だけです。

こうした習俗が、おそらく仏教にも取り入れられたのだと思います。

右手を仏さまの世界（仏界）、左手を一般の人々の世界（衆生《しゅじょう》界）と見なすようになり、**この両手を合わせることで、仏さまと人々が一体になったり、人々が仏さまに帰依《きえ》することを表わすようになり、それが仏壇や墓前で手を合わせる習慣につながったのではないでしょうか。**

いまでもインドやタイに行くと、日常の挨拶として合掌する姿が見られます。

日本でも、先ほど書いた「いただきます」や「ごちそうさま」をいうときに合掌する人がいます。

霊長類は手を使えるようになったことで人間へ進化することができたといわれています。

仏像などを見ていると、仏教と手は意外と密接なつながりがあるように思えます。千手《せんじゅ》観音菩薩という手をたくさん持った仏像がありますが、この手はすべての人々を漏らさず救済しようという観音さんの慈悲の力を表わしています。

また、仏像にはこちらに手のひらを向けたり、ＯＫサインを出しているように見えたり、指を組み合わせたり、いろいろな手のポーズがあります。これを「手印《しゅいん》」や「印」といいます。

たとえば、「やあ」というときのように、手を上げて手のひらを見せているポーズは「施無畏印《せむいいん》」と呼ばれます。私たちの恐れや不安などの感情を取り除いてくれるという意味です。

また、両手でＯＫサインを作って組み合わせ、ももの上に重ねているポーズは「常印」と呼ばれ、お釈迦さまが菩提樹の下で瞑想しているときの手だといわれています。

仏さまと今を生きる人が一体になるためです。

「仏滅《ぶつめつ》」は、縁起が悪い日なのですか？

カレンダーなどで「**仏滅**《ぶつめつ》」という文字を見かける機会があると思います。あるいは、大人の人が、「その日は仏滅だから日が悪い」といっているのを聞いたことはありませんか。漢字だけ見れば、仏が滅びると書きますから、なんだかとても縁起が悪そうなイメージがあります。

でも、仏滅と仏教とは、本来関係がありません。

古代の中国では、吉凶《きっきょう》や運勢を占うためにさまざまな暦《こよみ》が考え出されましたが、そのひとつに「**六曜**《ろくよう》」があります。6日間を一定の周期とし、先勝《せんしょう》・友引《ともびき》・先負《せんぶ》・仏滅・大安《たいあん》・赤口《しゃっこう》の六つの曜がだいたいこの順番で繰り返すことから六曜と呼ばれました。

鎌倉時代から室町時代にかけて、この六曜が日本にも伝わり、江戸時代後期から民間でも盛んに利用されるようになりました。ご年輩のなかには、いまでも冠婚葬祭をはじめ、お見舞い、引っ越し、新築などで六曜を気にかける人がたくさんいます。

それぞれの曜には意味を持たせてあります。

たとえば仏滅は、仏も滅するような凶日なので、その日は結婚式などのお祝いごとをしないという習慣があります。しかし、もともと仏滅という言葉自体がなかったようです。空亡《くうぼう》、虚亡《こもう》というのが本来であり、これをすべてが虚しいという意味に解釈して「物滅」と呼ぶようになり、この「ぶつ」に「仏（旧字は佛）」という同じ発音の漢字があてられたものです。ですから、**仏さまとは一切関係がありません。**

また、友引の日は一般的に火葬場が休業日になっているところが多いため、仏教と関係しているように思われていますが、これも仏教とは関係がありません。もともとは「留引」という中国語だったのですが、これを訓読みにするさいに「ともびき」とし、それに「友引」の漢字をあてたものです。

日の吉凶にこだわることは執着の一種ですから、仏教では本来、否定されるべきことといえるかもしれません。

禅には、「日日是好日《にちにちこれこうじつ》」という言葉があります。晴れの日もあれば、雨の日もあり、調子がよい日もあれば、悪い日もあります。**それがどんな日であっても、この一日はかけがえのない一日であり、その一日、一日を全身全霊で生きることができれば、どんな日であれ、いい日になるという意味です。**

そもそも縁起のいい日も悪い日もありません。

大みそかに除夜《じょや》の鐘《かね》をつくのは、なぜですか？

毎年、年末年始には、お寺や神社にお参りに行くという人も多いことでしょう。信仰心がある、ないにかかわらず、年末年始は一年の区切りになる時期です。その**区切りのときに、お寺や神社にお参りするということは、日本人にとっての自然な習慣であり、素直な気持ちの表われであるのかもしれません。**

東日本大震災や御嶽山《おんたけさん》の噴火に象徴されるように、おそらく日本は大昔から自然災害の多いところであったと思います。そのような場所で長く暮らし続けてきたからこそ、この世のものごとには永遠に変わらぬものなどなく、つねに変わっていくという無常観《むじょうかん》のようなものが民族の遺伝子として、いちばん深いレベルで刻み込まれているのではないでしょうか。

同じく無常を根本とする仏教が、本来は外来の宗教でありながら日本に浸透したのも、そうした無常観が日本人の根底にあったからではないかと思われます。

また、「いいことが起きますように」「悪いことが起きませんように」と祈る気持ちは、すべての人類に共通のものだと思います。そうした意味で、一年の終わりと始まりに、いま生きていることへの感謝も込めて、ご先祖さまであったり、仏さまであったり、神さまであったり、そうした目に見えない大いなるものに祈ることは、人間の自然な感情からくるものなのでしょう。

さて、そんな大みそかの夜の行事としてよく知られているのが、除夜の鐘ですね。あなたも近所のお寺でついたことがあるかもしれませんが、**なぜ、大みそかの夜にお寺で鐘をつくようになったのかは、実はよくわかっていません。**

また、**除夜の鐘は１０８回つくのが一般的とされていますが、必ずしも１０８回とは限りません。**もっとたくさんつくところもあります。この１０８回という数の由来についても、よくわかっていません。俗説では１０８は人間の煩悩の数であり、それを取り除くためだと思われていますが、仏教では１０８以外にも煩悩の数だとされている数がほかにもあります（少ないものでは3、多いものでは8万４０００）。

このほかにも、12か月と二十四節気《にじゅうしせっき》と七十二候《しちじゅうにこう》を足した数だとか、仏教における苦しみの分類とされる四苦八苦を九九に見立て（九九は奈良時代に日本に伝わったとされ、かなり古くからあるものです）、４×９＋８×９＝１０８だという説もあるようです。

お彼岸《ひがん》とは、なんですか?

お彼岸《ひがん》にお墓参りに行ったことがあるという人もいるでしょうが、お彼岸の行事は正式には「彼岸会《え》」と呼ばれ、インドにも中国にもない日本独自のものです。

もともと彼岸とは、古代インドの言葉の「パーラミター」という言葉からきていて、漢字で書くと「波羅密（もしくは波羅密多）」となり、「彼岸に到る」という意味です。

彼岸とは、向こう岸という意味であり、それは悟りの世界、仏の世界、完全なる最高の世界を表わしています。その反対が此岸《しがん》であり、それは悩みや苦しみが多いこちら側の世界、つまり私たちが生きている世界をさしています。

ちなみに、**彼岸のことを三途《さんず》の川を渡ったあの世のことだと思っている人がいますが、彼岸とあの世とは関係がありません。あくまでも悟りの世界のことをさしています。**

お彼岸は春と秋の2回あり、それぞれ1週間ですが、真ん中の日を中日《ちゅうにち》といいます。この日は、太陽が真東からのぼり、真西に沈みます。つまり、昼と夜の長さが同じ日です。

昼と夜の長さが同じということは、仏教が説く「中道《ちゅうどう》」の教えと共通点があります。

中道とは、AとBという相互に対立するもののどちらか一方だけにかたよらない心のことです。
対立するものとは、たとえば苦と楽、有と無のようなものです。そのどちらか一方にかたよってしまうと、本質を見失ってしまい、悟りに行きつくことができません。お彼岸とは、この中道の教えの象徴でもあります。

ですから、**私たち仏教僧にとっては、彼岸の期間というのはとくに大事な修行期間ということになります。**彼岸に到るために実践しなくてはならないこととして、「六波羅蜜《ろっぱらみつ》」（布施・持戒・忍辱・精進・禅定・智慧）というものがありますが、それをあらためて意識して、修行に励《はげ》みます。

彼岸の中日は、みなさんにとっては春分《しゅんぶん》の日、秋分《しゅうぶん》の日という国民の祝日です。もともとは天皇が歴代の天皇の御霊《みたま》をまつるために行っていた皇霊祭《こうれいさい》という宮中行事にちなむもので、明治時代に祝日となりました。

昭和23年に成立した「国民の祝日に関する法律」によれば、春分の日は「自然をたたえ、生物をいつくしむ」日、秋分の日は「祖先をうやまい、亡くなった人々をしのぶ」日となっています。

お盆にお墓参りをするのはなぜですか？

みなさんにとっては夏休みや冬休みにあたっているので、お盆休みや正月休みといってもピンとこないかもしれませんが、会社勤めなどをしている人にとっては、この二つのお休みは特別休暇のようなものです。それだけ、お盆と正月は日本人にとって大きな行事といえるでしょう。

お盆にはお墓参りに行くという人も多いでしょうが、お盆のもともとの由来は、**『仏説《ぶっせつ》盂蘭盆経《うらぼんきょう》』**という経典に基づいています。

この経典は、お釈迦さまの弟子である目連尊者《もくれんそんじゃ》という人が、あの世のひとつである餓鬼《がき》世界で苦しんでいる母親を、お釈迦さまの教えによって救うことができたということがテーマになっています。つまり、親孝行を説いたものですが、これが日本に古くからある先祖を敬う信仰と結びつき、**ご先祖さまを供養し、おまつりするようになったのがお盆の行事です。**

基本的には、**お盆は先祖の霊が家の仏壇に帰ってくる日とされ、それを迎えるためにお墓に行き、家庭で作った精霊棚《しょうりょうだな》で休んでいただき、お盆が終われば再びあの世に送り出**

します。

お盆になると軒先に提灯をつるしたり、家の前で新聞紙などを焼く風習を持つ地域がありますが、あれは先祖の霊に迷わずに家に帰ってきてもらうためのものです。

また、大文字焼きや精霊流しは、送りの儀式として行われるものです。盆踊りも本来は帰ってきた霊たちを慰めるためにするものでした。

地域によっては、お盆には先祖の霊が家に帰っているため、お墓にはいないということで、お墓参りをしないところもあります。

お盆の行事は、東京では7月ですが、多くの土地では8月に行われることが通例になっています。

それ以外にも、その土地の産業や習俗などの関係で、7月31日～8月1日にかけて行ったり（みそか盆）、7月25～26日（地蔵盆）に行ったりするところもあります。

お墓参りに行ったら、桶の水やタオルなどで墓石をきれいに洗い清め、まわりの雑草などを抜き、花や線香や供物などをお供えします。**ご先祖さまに手を合わせ、ご冥福をお祈りし、感謝の気持ちを伝えたり、現状を報告してください。**

先祖の霊が家に帰ってくる、そのお迎えのためです。

「お通夜《つや》」は、なんのためにするのですか？

現在のお通夜は、お葬式の前日の夜に、亡くなった方に対して僧侶がお経を唱え、参列者が焼香をするのが一般的な形です。

お釈迦さまが亡くなられたときに、それを悲しんだ弟子たちが遺体を囲みながら、「お釈迦さまはこんなことをお話しになられた」と、夜が明けるまで語り合ったことが起源のひとつだといわれています。

ですから、**お通夜の本来の目的は、亡くなった人と最後の夜をともに過ごすために遺族をはじめとする親しい人が集まり、故人の思い出を語り合うことということになるでしょう。** 遺族が交代して遺体に付き添い、ろうそくや線香《せんこう》を絶やすことなく見守ってすごすのが理想です。

お通夜は葬送の儀式の一種ですが、このほかにも葬送儀式としては「初七日《しょなのか》」があります。初七日は、亡くなった日から数えて7日めに営まれる法要です。また、49日めに行われるのが「四十九日《しじゅうくにち》」です。

仏教では、亡くなってから次の世界に生まれ変わるまでに49日間かかるとされ、その期間を「**中陰**《ちゅういん》」と呼びます。この中陰の期間中に、7日ごとに生前の行いに対する審判があり、**六道**《りくどう》（地獄・餓鬼・畜生《ちくしょう》・修羅《しゅら》・人間・天）のどこかに行き先が決まることになっています。

亡くなった人はもはや善行を積めないので、それに代わって遺族が追善供養を行うことで、故人がよりよい来世に生まれ変われるようにという願いから7日ごとに設けられたのが、初七日や四十九日などの「**中陰法要**」と呼ばれる儀式です。

その後、１００日めに行われる「百ケ日《ひゃっかにち》」があり、1年後には最初の年忌法要である「一周忌《いっしゅうき》（一回忌）」があります。一周忌は「**小祥忌**《しょうしょうき》」とも呼ばれ、喪《も》が半分あけるという意味です。一般的には、この一周忌までが「喪中《もちゅう》」とされています。一周忌を行うことで区切りをつけ、遺族が通常の暮らしに歩み出すという意味があります。

さらに亡くなった年の翌々年に行われる「三回忌」、6年後に行われる「七回忌」、12年後に行われる「十三回忌」、32年後に行われる「三十三回忌」と続きます。一般的には、年忌法要はこの三十三回忌で終了し、これをもって「弔い上げ」と呼びます（49年後に行う五十回忌をもって弔い上げとするところもあります）。

故人をしのび、その思い出を語り合うのが目的です。

どうして亡くなった人に白い衣装を着せるのですか？

宗派や地域によって若干異なりますが、仏教式でお葬式を行う場合、一般的には遺体を棺に納める前に、白を基調にした浴衣《ゆかた》のような衣装を着せるなどします。これを「**死に装《しょう》束《ぞく》**」と呼びます。

この浴衣のような衣装を「**経帷子《きょうかたびら》**」といいます。さらに、頭には頭巾《ずきん》（三角布）、手には手甲《てっこう》、スネには脚絆《きゃはん》をつけ、足には足袋《たび》と草履《ぞうり》をはかせ、手に数珠《じゅず》を持たせ、首から六《ろく》文銭《もんせん》の入った頭陀《ずだ》袋をかけます。

六文銭は死者が三途の川を渡るときの渡し賃だと俗にいわれていますが、現在では、紙に印刷されたものを使うことが多いようです。最近では、この死に装束を着せずに、故人が生前によく着ていた服を着せ、死に装束は棺内に入れるだけというケースもあるようです。

みなさんは、テレビなどで四国にある88か所のお寺を巡るお遍路《へんろ》さんの姿を見たことがありませんか。

あのお遍路さんの姿に、死に装束は似ています。というのも、死に装束というのは、亡くなった人が極楽浄土に向けて旅に出るときの姿だとされているからです。

死に装束が、なぜ白なのかはよくわかりませんが、**おそらく日本人には昔から、白はけがれを払う清浄な色だとする感覚があったのではないかと思われます。**ですから本来、仏教とは関係のないものかもしれません。たとえば、タイやミャンマーなどアジアの他の仏教国で、死者に白い衣装を着せるというのを見たことがありません。

また、みなさんは、親や祖父母から「北枕《きたまくら》は縁起が悪い」といわれたことがあると思います。北枕とは、枕を北側に置いて寝ることです。それが、なぜ縁起が悪いのかといえば、亡くなった人を安置するときの枕の置きかただからです。

なぜ、亡くなった人の枕を北側に置くようになったのかといえば、**お釈迦さまが亡くなったときに頭を北に向けて横たわっていたからだといわれています。**そして、顔を西に向け、右わき腹を下にした状態だったといわれています。

ですから、北枕は本来、縁起が悪いというようなものではなく、亡くなった人にお釈迦さまのように安らかに仏さまになっていただきたいという願いを込めて行われるようになったのだと思います。

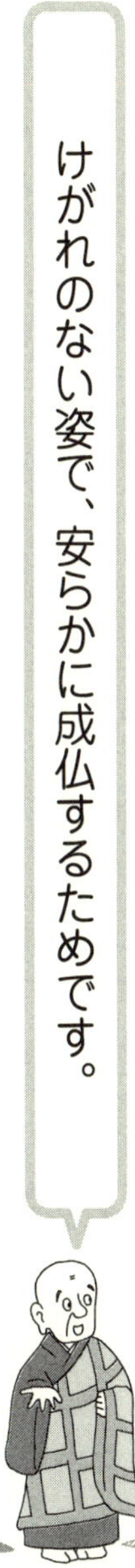
けがれのない姿で、安らかに成仏するためです。

宗派によって、お葬式のやりかたは違うのですか？

お葬式は亡くなった人を葬送する儀式ですが、同じ仏教であっても、宗派によってその作法や内容は異なります。お葬式の最中に読むお経も違いますし、鉦《かね》や太鼓などの鳴らしものを使う宗派もあります。

臨済宗の場合について、お話ししましょう。とはいえ、臨済宗のなかでもお葬式のやりかたが微妙に異なるところもあります。また、同じ派であっても、地域の慣例によって細かい点が異なったり、お葬式にかける時間によって内容が省略される場合もあります。

臨済宗のお葬式では、亡くなった人を仏さまの道や悟りの境地に導くことが目的となります。

そのため、臨済宗のお葬式（曹洞宗でも基本は同じです）には、「**授戒**《じゅかい》」と「**引導**《いんどう》」という他の宗派とは異なる大きな二つの特徴があります。

授戒とは、お釈迦さまの弟子になるために守らなければいけない戒律（約束ごとや教え）を授けることです。授けられる側からすれば、「受戒」ということになります。

つまり、**お葬式は、仏さまの弟子になるための儀式なのです。**ですから、僧侶になった人は、すでに受戒を済ませていることになります。

この授戒を受けたという証拠が、本来の意味での戒名なのです。この戒名を持って、亡くなった人は仏さまになるべく死出の旅に旅立つのです。

引導とは、亡くなった人を導いて、仏さまの道、悟りの道に入らせることです。みなさんは、「引導を渡す」という言葉を聞いたことがありませんか。最終的な結論をいい渡すことで相手にあきらめさせることをいいますが、この言葉は禅宗のお葬式の引導からきています。

お葬式において引導を渡すとは、亡くなった人に亡くなったという事実を悟らせ、現世への執着を断ち切らせ、仏さまの道へ導くことです。

そのため、お葬式を取り仕切る僧侶（導師）が故人の棺の前で、故人の人となりや信条、功績や業績を讃える「**引導香語《こうご》**」（法語とも呼ばれます）という漢詩を読み、最後にひと声、「喝《かっ》!」と叫びます。

この声で、お葬式に参列している人がびっくりすることがありますが、あれは亡くなった人に引導を渡しているのです。

お墓参りの作法

先祖への感謝を込めて

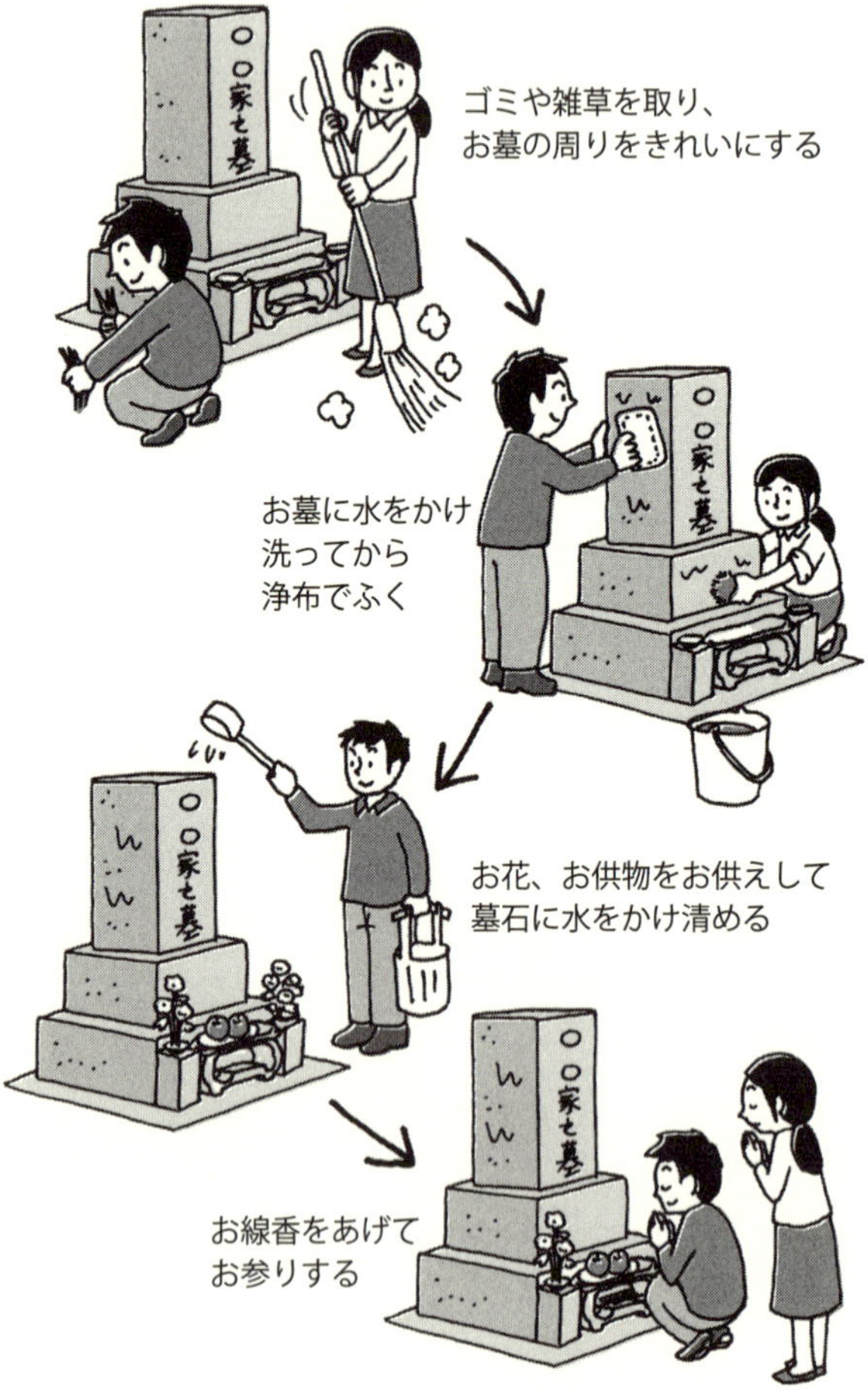

ゴミや雑草を取り、
お墓の周りをきれいにする
お墓に水をかけ
洗ってから
浄布でふく
お花、お供物をお供えして
墓石に水をかけ清める
お線香をあげて
お参りする

第９章

お寺に関する疑問、教えてくれませんか？

どうして、お寺でお葬式をする人が多いのですか？

いちばん大きな理由は、お寺に先祖のお墓があり、先祖代々、そこでお葬式をあげてきたからでしょう。

もともと神道を信仰していた日本人にとって、死はけがらわしいもの、忌《い》むべきものであったようです。

そこに仏教が伝わり、人々の間に定着していくなかで、死者を供養し、先祖をまつるという考えかたが出てきました。

江戸時代に入ると、寺請制度によって地域住民の戸籍をお寺が管理することになり、それとともにお葬式などをお寺で行うことが主流になりました。その名残がいまに伝えられ、お寺でお葬式をあげる人が多くなったのだと思います。

最近は都会に住んでいる人を中心に、お寺ではなく、公共の斎場《さいじょう》や民間のセレモニーホールなどでお葬式をあげる人も増えていますが、お葬式自体は必ずしもなければならないものというわけではありません。

しかし、地方などでは、伝統的にどこかのお寺に檀家として属していることが多いため、そのお寺でお葬式をあげるという人が少なくありません。また、斎場やセレモニーホールでお葬式をする場合でも、菩提寺の僧侶に来ていただいて、お経をあげてもらうケースが多く見られます。

お葬式のときにお経を唱えるのは、亡くなられた方への供養のためです。

前にも述べましたが、お経は本来、どうすれば生きるうえでの苦しみから人は解放されるのかについて説いたお釈迦さまの教えです。ですから、生きているうちにその教えを実践して善行を積み、人生の糧にするべきものですが、残念ながら亡くなった人にはそれができません。

そのため、亡くなった人に代わって、生きている人が善行を積むことで、亡くなった人にその功徳《くどく》をさしむけるのです。

お葬式のときにお経をあげるのは、その善行のひとつです。お経をあげたあとで僧侶が回向文《えこうもん》というものを読みますが、それによって、その功徳を故人に送り届けるのです。また、大切な人を亡くした悲しみのなかで、残された人たちがお釈迦さまの教えに寄り添って生きていくことを確認するという意味もあります。

江戸時代に習慣になり、それが今に残っています。

どうして、お墓はお寺に多いのですか？

お墓はお寺にあるものというイメージを持っている人は、いまでもたくさんいると思います。

そうなった最大の理由は、やはり江戸時代に、お寺が住民の戸籍を管理するようになった寺請制度にあると思います。それによって、一般の人々とお寺の関係が深まるとともに、お寺にお墓を建てて、亡くなった人を供養する習慣が根づいたのでしょう。

しかし、それだけではありません。そこには、それまで仏教が日本人に果たしてきた役割も関係していると思います。

そもそも古代の日本人にとって、死は忌み嫌われるものでしたが、仏教は死を不浄なものとは考えませんでした。仏教は人間の苦しみである生老病死にきちんと向き合い、お葬式などの儀礼も積極的に引き受けてきました。そうしたことを通して人としての生きかたを説くことで、多くの人々の心のよりどころとなったのです。それがあったからこそ、寺請制度も受け入れられたのではないかと思います。

それはさておき、**お墓はお寺にあるものとは限りません。**

むしろ、いまの若い人にとっては、お墓は都道府県や市区町村の自治体が管理・運営する**公営墓地**（有名なものでは多磨霊園や青山霊園などがあります）にあるものと思っている人が多いのではないでしょうか。さらに都市部では、公益法人や民間会社が経営する民営墓地も増えています。

また、いまでも田舎に行くと、お寺とは関係なく、村落の住民が共同で管理している墓地が残されています（ただし、新規に作ることは法律によって認められていません）。

さらに、村落墓地と同様に、私有地の庭や畑、田んぼの一角などに建てられた墓もあります。

逆に、**お墓がないお寺というものも、たくさんあります。**

たとえば、みなさんも知っている東大寺や法隆寺や薬師寺などの有名なお寺には、お墓がありません。こうしたお寺は、大学のような研究機関として建てられたという側面があり、仏教のことを研究したり、僧侶が自ら修行したりすることに重きを置いた場所でした。

そのため、国家や天皇家などのために祈ることはしましたが、僧侶が直接、葬儀に関わるようなことはしなかったので、お墓はなかったのです。

寺請制度でお寺と住民の関係が深まった結果です。

お墓にある細長い板はなんですか？

あの板を「**卒塔婆**《そとば》」といいます。板でできていることから、「板塔婆《いたとば》」と呼ぶこともあります。

卒塔婆は古代インドの言葉で「ストゥーパ」と発音されていたものに、漢字をあてたものです。ストゥーパとは、もともと**仏舎利《ぶっしゃり》塔**のことでした。**仏舎利とは、お釈迦さまの遺骨のことであり、それを納めた塔のことを仏舎利塔といいます。**

お釈迦さまが亡くなられたインドで建てられたものが最初ですが、仏教が各地に伝わるにつれ、さまざまな地域でストゥーパが建てられるようになりました。本来は塚のようなドーム状のものであったとされています。もちろん、お釈迦さまの遺骨がそんなにたくさんあるわけではないので、後に建てられたストゥーパには宝石や経文などを納め、それを仏舎利と見なすようになりました。

このストゥーパが漢の時代に中国に伝わり、中国の建築様式の影響を受けて、何層にもつらなる塔のような形になりました。

それが仏教とともに日本にも伝わり、京都や奈良などに行くとよく見かける三重塔や五重塔の起源となったのです。ですから、どこかで五重塔を見たら、これはもともとお釈迦さまの遺骨を納めたものだったと思い出してください。

やがて、この五重塔を模して、小型の**五輪塔**が石などで作られるようになりました。大きなお寺に行くと、天辺がとがった宝珠型や半球や三角形や四角形の石を組み合わせたものを見ることがあると思いますが、あれが五輪塔です。形状によっては**宝《ほう》篋《きょう》印《いん》塔**と呼ばれるものもあります。

この五輪塔を板で代用したのが、卒塔婆です。よく見ると、単純に細長いだけでなく、板の両サイドに切れ込みが入っているのがわかると思います。あれが五輪塔を模したものだという証拠です。

卒塔婆には、漢字や記号のようなものが書かれています。内容は宗派によって異なりますが、梵《ぼん》字（梵語を表記するための文字）や経文、亡くなった人の戒名、施主《せしゅ》（卒塔婆を建てて供養を行った人）の名前、供養した年月日などが記されています。墓石は先祖代々のものであっても、卒塔婆は亡くなった人ごとに立てられます。これを卒塔婆供養といい、納骨時や年忌法要ごとに新しい卒塔婆に取り替えるのが一般的です。

亡くなった人の供養のためにたてるものです。

お寺に参拝するときに注意することはありますか？

お盆やお彼岸などで自分の家のお墓があるお寺に参拝するときには、前にも述べましたが、お墓のまわりの雑草やゴミを片づけたり、墓石をきれいに洗い清め、お線香やお花を手向《たむ》けて、ご先祖さまや故人を供養すればいいでしょう。

観光や修学旅行などでお寺に参拝するときには、まず、**お寺の門をくぐる前に一礼します。**境内に入り、入口のところに手水舎《ちょうずや》があれば、手や口をすすいで身を清めます。これは神社にお参りするときも同じです。また、これも神社のときと同じなのですが、**参道がある場合は、なるべくその中央を避けて歩きます。**

そして**最初に、本堂におまつりしてあるご本尊《ほんぞん》さまにお参りします。**ご本尊さまというのは、そのお寺や宗派がもっとも大切な信仰の対象としている仏さまのことです。臨済宗の場合は、お釈迦さま（釈迦如来）の場合が多いですし、みなさんが知っている浅草寺《せんそうじ》は観世音菩薩、京都の清水寺は千手観音菩薩です。

このときに、本堂の前にあるおさい銭箱に、おさい銭を納めます。本堂の正面の軒先《のきさき》のところに鰐口《わにぐち》と呼ばれる金属製の仏具が吊《つ》るされているところがあるので、それがあったら吊り下げられている紐をゆすって鳴らし、そのあとで合掌して一礼します。手を合わせることは、仏さまと一体になることを意味します。

ここで注意したいのは、**お寺では神社にお参りしたときのようにパンパンと柏手《かしわで》を打たないということです。**神社では2回、柏手を打つのが普通ですが、お寺ではそうしません。静かに手を合わせて、一礼するだけです。

また、**神社でもお寺でも、参拝するときにはおさい銭を納めますが、神社とお寺ではおさい銭の意味が異なります。**神社では、まつられている神さまに対して日ごろの感謝の気持ちを伝えるために納めるものですが、お寺の場合は、自分の欲や執着を捨てる修行である「喜捨《きしゃ》」ととらえられています。喜捨とは、自ら進んで金品や財物を寄付することで、仏教の根本的な修行とされる六つの行い（六波羅蜜）のうちのひとつ、「布施」に含まれるものです。

神社にしろ、お寺にしろ、そこに参拝するということは、日常とは違った時間や空間に身を置くということです。とかくあわただしい日常の中で、ときにはそうした時間を持つことも必要なのではないでしょうか。

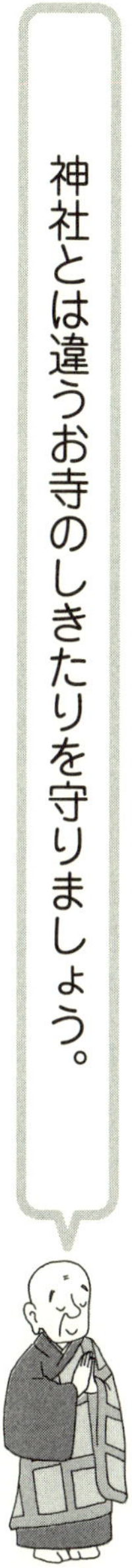
神社とは違うお寺のしきたりを守りましょう。

どうして、たくさんの種類の仏像があるのですか？

日本にはいま、30万体以上の仏像があるといわれています。**たくさんの種類の仏像があるのは、それだけ多くの仏さまがいるからです。**それはたとえば、この世の中にいろいろな職業があるのと同じことですし、みなさんにもいろいろな顔があるのと同じことです。さらにいえば、同じ人であっても、やさしい顔をしているときもあれば、怖い顔をしているときもあります。

あなたのお父さんやお母さんだってそうでしょう？　いつもはやさしい顔をしていても、怒ったときはものすごく怖い顔になりませんか？　どちらの顔もお父さんやお母さんの顔であり、根本は同じです。あなたが健康で、立派な大人になってほしいと願っているのです。

仏像は表情を変えることができないので、違った表情をひとつひとつの仏像として表現するしかありません。そのため、同じ仏さまであっても、たくさんの種類の仏像があるのです。ちなみに仏像には、性別はありません。

仏像は**私たちの日常の姿を具体的に表わしたもの**ということもできるでしょう。やさしい顔をした仏像の代表といえば、観音さん（観世音菩薩、観自在菩薩）でしょう。そのお顔が示すように、観音さんは慈悲の仏さまです。

その反対に、怖い顔をした仏さまの代表がお不動さん（不動明王）です。背中に紅蓮《ぐれん》の炎を背負い、にらみつけるようなギョロッとした眼と牙をむき出しにした怒りの形相で、右手には剣、左手には縄を持っています。そんな怖い顔をしていても、実はお不動さんも慈悲の仏なのです。あれは人々をいのちがけで守ろうという姿なのです。

本当に人を救おうというときに、ニコニコしている人はいないでしょう。命がけになったときに、人は厳しい顔になります。それはいわば、究極の慈悲の姿を表わしているのです。

大きな仏像では、奈良の東大寺にある大仏が有名です。正式名称は「東大寺盧舎那《るしゃな》仏像」で、高さが約14・7mもあります。奈良時代に聖武《しょうむ》天皇の命令で作られたものです。なぜ、あれほど大きな仏像を作ったのかといえば、大いなる宇宙を表現しようという意図があったのに加え、流行《はや》り病や天変地異などの相次ぐ社会不安を取り除き、国を安定させたいという願いがあったからだといわれています。

多くの仏さまのさまざまな願いを表現するためです。

どうしてお寺には掛け軸が飾ってあるのですか？

床《とこ》の間《ま》に掛け軸をしつらえることは、古くからの日本の習慣です。お寺には書院と呼ばれる和室があり、そこには必ずといっていいほど床の間があるので、掛け軸を飾っているのです。こうした習慣は、もともと禅宗のお寺から始まったものです。つまり書院造りという日本を代表する建築様式は、お寺が発祥なのです。

掛け軸は、季節や仏教の行事などに合わせて掛け替えられます。掛け軸には、いろいろな仏さま、季節の草花、風景などの絵が描かれているほか、禅宗のお寺なら、禅の開祖といわれている達磨《だるま》大師を描いた絵や円相《えんそう》（図）と呼ばれる絵などがあります。また、仏教の教えや禅語《ぜんご》と呼ばれる文言を書いた掛け軸もあります。

円相とは、円をひと筆で描いたものです。「ただ円を描いただけ？」と不思議に思われるかもしれませんが、この円には奥深い意味があります。これを宇宙と解釈する人もいますし、あるいは悟りの境地、完全な真理などと解釈する人もいます。見る人によってさまざまな解釈が成り立つのが、円が持つ不思議な力です。

禅語は、禅宗で古くから教え伝えられてきた言葉です。日々の生きかたや人としてのあるべき姿、修行に対する心の持ちかたなど、さまざまなことが表現されています。お寺は仏教を布教する場でもあるので、お寺を訪れた方々が掛け軸を見て、そこに書かれてある禅語に興味を持っていただければありがたいことです。

たとえば、みなさんも聞いたことがあると思う「日日《にちにち》是《これ》好日《こうじつ》」という言葉も、もともとは禅語です。天気には雨の日もあれば、晴れた日もあります。それと同じように人生にもいいときもあれば、悪いときもあります。しかし、すべては同じ一日です。この一日は二度とない一日であり、かけがえのない一日です。その一日を全身全霊で生きれば、それがいい日（好日）になるのだという教えです。

もうひとつ、「明珠《みょうじゅ》在掌《たなごころにあり》」という禅語も紹介しておきましょう。これは、大切な宝物（明珠）は自分の手の中にあるという意味です。それにもかかわらず、私たちはどこかに宝物があるのではないかと、あちこち探し回ってしまいます。その結果、せっかく宝物を持ちながら、そのことに気づかないでいるのです。この話、どこかで聞いたことがありませんか。そうです、『青い鳥』です。チルチルとミチルが探しに行った青い鳥がどこにいたか、みなさんご存じですよね？

お寺へお参りする作法

神社とはちょっと違う

門をくぐる
前に一礼
中央は
歩かない
おさい銭を納め、
鰐口を鳴らし、
合掌して一礼
柏手は
打たない
パン
パン

第10章

お坊さんは毎日、
どんな生活を
しているのだろう

お坊さんはなにをするのが仕事なのですか?

私のように、**檀家さんのあるお寺の住職は、お寺の管理をすることがいちばんの仕事ということになります。**住職というぐらいですから、**いわば、お寺の管理人です。**

また、お寺にお墓を持っている檀家さんのご先祖さまの菩提を弔うために、その供養をすることも大切な仕事のひとつになります。

本来であれば、檀家さんの一人ひとりが毎日、亡くなった人やご先祖さまの供養をするのが理想的でしょうが、日々の仕事や用事に追われているわけですから、なかなかそうもいきません。毎日、お墓まいりをするわけにもいきませんし、毎日、お経をあげることも難しいでしょう。そうした檀家さんに代わって、私たちお坊さんが毎日、ご供養をさせてもらっているということになります。

お坊さんの仕事として一般的に思われているのは、葬儀や法事などの仏事をしているというイメージでしょう。たしかに、亡くなった方を弔うことや、そのご先祖さまを供養することはお坊さんの本分といえるかもしれません。

しかし、お坊さんの仕事はそれにとどまるものではありません。**そもそも仏教は、亡く**

なった人のためのものというより、いまを生きている人のためのものという側面が強くありました。

生きていれば、誰にでも思いどおりにならないことがあります。というか、ほとんどすべてがそうです。

それをお釈迦さまは「苦」という言葉で表現しました。生まれる、老いる、病む、死ぬ、そのすべてが苦しみです。その苦しみからどうすれば人は解放され、安心した気持ちで生きることができるのか、その方法や考えかたを説いたのがお釈迦さまです。

ですから、お釈迦さまの弟子である私たち仏教のお坊さんも、いま生きている人々に対して仏教の教えを説いて、人々に安心してもらうことも重要な仕事ということになります。

そのためには、お寺で布教活動をしたり、人々が集う場所や機会を提供することも大切です。また、人々に教えを説くためには、まず、自分がしっかりしていなくてはなりません。そのために**修行をすることも、大切な仕事のひとつといえるでしょう。**その意味で、私たち禅宗のお坊さんにとっては、坐禅を組み、掃除をしたり、食事を作ったりすることも仕事のひとつということになります。

お寺の管理や、仏教の教えを広め、修行することです。

「住職《じゅうしょく》」と「和尚《おしょう》」に違いはあるのですか？

住職とは、そのお寺を管理・運営する責任者としての僧侶のことであり、わかりやすくいえば、会社の社長のようなものです。社長とはいえ、大会社ではなく、小さな企業や個人経営の会社の社長といった感じです。

住職は、もともと、「**住持《じゅうじ》職**」という職名を省略したものとされています。住持というのは、中国の宋時代に禅宗で使われ出した呼びかたで、それが禅宗以外の宗派でも使用されるようになったといわれています。

住職は宗教上の資格のようなものですから、僧侶であれば誰でも住職を名乗れるというわけではありません。

それぞれの宗派ごとに、住職になるための規定が設けられています。

臨済宗の場合、住職の資格を得るためには、まず臨済宗のどこかの寺院に弟子入りし、お寺での生活を経たあと、専門道場と呼ばれる修行のための道場で数年間、修行を積まなければなりません。

その後、実家のお寺を継いだり、住職を求めているお寺に紹介されたりして、住職になることができます。

ちなみに、女性で尼僧《にそう》になりたいという人も、やはり弟子入りし、尼僧のための専門の修行道場で修行しなくてはなりません。

住職はお寺単位の役職で、住職が一人だけのお寺もあれば、その下に副住職や執事などと呼ばれる僧侶がいるお寺もあります。これが宗派全体の本山のような大規模な寺院になると、一般の会社の専務や部長や課長などにあたるさまざまな役職があり、宗派によって役職名も違います。おもな宗派の最高位の呼びかただけご紹介すれば、天台宗は座主《ざす》、真言宗・臨済宗・曹洞宗・日蓮宗は管長、浄土宗は門主《もんしゅ》、浄土真宗は門主（門首）となっています。

一方、和尚というのは、仏教僧の敬称です。本来は出家した僧が教えを受ける師匠となる僧をさしていたようですが、それが高僧の敬称となり、さらに僧侶一般をさす敬称となったようです。同じ和尚と書いても、宗派によって「わじょう」（真言宗など）、「かしょう」（天台宗など）、「おしょう」（臨済宗、曹洞宗、浄土宗、天台宗など）と、読みかたが違います。

本来、住職はお寺の責任者、和尚は高僧を意味します。

どうしたら、お坊さんになれるのですか？

お坊さんになることを、「出家《しゅっけ》」といいます。**どんな人でも、志さえあれば、お坊さんになることができます。**現実的には、実家が寺という人が多いのですが、別にお寺の子どもしかなれないというわけではありません。

とはいえ、自分勝手にお坊さんを名乗ることはできません。国家資格のような資格試験はありませんが、**宗派ごとにお坊さんのなりかたが決まっていて、それなりの手続きを経て、勉強や修行などを積まなければなりません。**

もし、あなたの実家がお寺でない場合は、仏教系の大学に進学し、そこで仏教を学ぶことから始めるのが現実的かもしれません。卒業後に実際のお寺で修行をさせてもらい、それが終わればお坊さんとして認められます。

また、最近では、お寺のホームページなどで修行僧の募集をしているところもありますので、そうしたものを調べることもひとつの方法です。

いずれにしろ、宗派によってお坊さんになる方法がかなり異なりますので、私が所属する臨済宗の場合について簡単に述べましょう。

臨済宗では、まず、師匠となるお坊さんに弟子入りすることが求められます。

ですが、いきなりお寺を訪ねていって、「弟子にしてください」とお願いしても、おそらくどこも受け入れてくれないでしょう。

というのも、出家というのはその人の一生の問題ですし、師匠となるお坊さんも、その人に対して大きな責任を持つことになるので、相手の意志や人格などを見極める必要があります。そう簡単に弟子にしてはくれません。紹介状のようなものを要求することもあります。

運よく弟子になれたら、その師匠のお寺で基本的な修行を積みます。そのあとで師匠について、得度《とくど》を行います。得度とは、仏さまの弟子として仏門に入るための儀式です。ここで、髪を剃り、師匠から僧名や法衣《ほうえ》をいただくことが、お坊さんへの第一歩ということになります。

さらに臨済宗では、師匠の寺から専門道場といわれる寺に移り、そこで厳しい修行を積むことになります。道場で修行中のお坊さんは、「雲水《うんすい》」と呼ばれます。この言葉は「行《こう》雲流水《うんりゅうすい》」という言葉を省略したもので、本来は、行く雲や流れる水のように一か所にとどまることなく、師を求めて各地を巡り、修行を続ける僧のことをさしていた言葉です。

宗派ごとの手続き、修行を積めば誰でもなれます。

修行は、どんなことをするのですか？

宗派や所属するお寺によって異なるところもあるため、一概にはいえません。でも、だいたい共通しているのは、**朝早く起きて、本堂でお経をあげるなどのお勤めをすることから一日が始まります。**

禅宗の場合、日中は「作務《さむ》」と呼ばれる作業があります。本堂などの室内や境内の掃除、庭の草取りや植え木の手入れ、畑仕事、お寺の事務仕事や書きものなど、実にさまざまな作業を行います。このほかに訪ねてきた檀家さんと話をしたり、行事があればその手伝いなどもします。

また、**坐禅も禅宗では大切な日課となります。坐禅を行うことが禅宗の真骨頂《しんこっちょう》でもあり、これがなければ禅宗とはいえません。**

一日の中で、どんな作業にいちばん時間をさいているかというと、おそらく掃除だと思います。朝起きたら自分の寝ていたところを掃除し、お経を読み、坐禅をしたら本堂や境内を掃除し、朝昼晩とごはんを食べたら食堂を掃除し、トイレに行ったらトイレを掃除し、お風呂に入ったらお風呂を掃除して……と、一日中、掃除しているといった感じです。

なぜ、こんなに毎日、掃除ばかりするのかといえば、それが大切な修行のひとつだからです。禅の修行には、「**一掃除、二信心**」という言葉があるくらいです。仏教徒のみならず、宗教に帰依《きえ》する人にとっては、なによりも信心が大切なはずですが、禅宗ではその信心よりも掃除のほうが大切だといいます。それはなぜかといえば、黙々と掃除に専念することで、余計な雑念を取り払って心を整え、ひとつのものごとに集中することを身体に覚え込ませることができるからです。

掃除は修行を離れても、普段の暮らしで大いに役立ちます。**一心不乱に掃除をすることで、知らず知らずのうちに心にたまった汚れを落とすことにつながります。**

はじめはお母さんに怒られてしぶしぶ始めた部屋の片づけも、なんとかがんばってやり遂げれば、なんだか「気持ちいい！」と感じませんか。それは、部屋の掃除が心の掃除につながっているからです。

人間は、置かれた環境に左右されやすい生きものです。机の上を整とんし、部屋を片づけるだけで、心が落ち着き、晴れ晴れとしたいい気持ちになります。あなたも、お坊さんにならって、ときには掃除に専念してみませんか。

お坊さんは丸坊主にしなくてはいけないのですか？

お坊さんだからといって、必ずしも剃髪《ていはつ》（カミソリなどで頭を剃りあげること）しなくてはいけないということはありません。

宗派によって（たとえば浄土真宗など）は、長髪でもいいことになっています。また、バリカンなどで短い丸刈り程度にしている人もいます。

ただし、臨済宗の場合は、他の宗派に比べて、きちんと剃髪している人が多いと思います。

これにはおそらく、専門道場での修行が関係していると思われます。修行中の雲水たちは毎月、4と9が付く日に、二人一組になって頭を剃り合います。修行から戻っても、それを習慣として続けている人がほとんどです。

お坊さんが剃髪するようになったのには諸説ありますが、古い時代から、さまざまな文化圏で髪の毛は社会性を表わすものでした。

ですから反社会的な犯罪をした人に対して、刑罰の一種として髪の毛を剃ったりしました。

お坊さんになるということは、仏門に入るために一般の社会生活とは縁を切るということですから、社会性の象徴である髪の毛を剃ったのかもしれません。

そもそも仏教がめざすものは、苦しみからの解放です。その苦しみを生み出すもとになるのは、こだわり＝執着です。

そのこだわりを捨て去り、仏さまの道に精進することに没頭するという思いを込めて、お坊さんは頭を剃るようになったのかもしれません。

みなさんのなかにも、何かと髪の毛のことにこだわっている人がいるでしょう。そんなことにエネルギーをかけるくらいなら、それを修行にさしむけたほうがいいという考えかたです。

なお、臨済宗ではお葬式のさいに、亡くなった方に対して『剃髪偈《げ》』というお経を読みます。

これから髪の毛を剃りますが、永遠に煩悩を離れ、究極の安心を目指していきましょうということを表現したものです。つまり、剃髪することによって仏さまの弟子となったことを表わしているのです。

宗派によっては長髪や角刈りを認めています。

お坊さんが着る衣装には、決まりがあるのですか？

お坊さんが身につける衣装には、さまざまなものがあります。

また、たとえば同じお葬式であっても、どんな衣装にするかは宗派によって異なっています。

それでも、**どこの宗派でもだいたい使われているものがあります。「袈裟《けさ》」と呼ばれる衣装です。**

お坊さんである私がいうのもなんですが、「坊主憎けりゃ袈裟まで憎い」という言葉を聞いたことがありませんか。お坊さんを憎むあまり、お坊さんが身につけている袈裟まで憎いという意味で、その人を憎むあまり、その人に関するものまで憎くなることを表わしています。

この袈裟はお坊さんの正装であるとともに、象徴のような役割を果たしています。宗派や用途によってさまざまな形がありますが、基本的に小さく裁断した布を縦につなぎ合わせ（これを「条」と呼びます）、それをさらに横に縫い合わせ、一枚の大きな布のようなものに仕上げたものです。

本来の袈裟は、使い道のなくなったボロ布をつなぎ合わせ、草木やさびなどで黄土色や青黒色などの濁った色に染めたものだったようですが、とくに日本に伝わってからは、さまざまな色やきらびやかな布が使われるようになりました。袈裟という言葉自体が、サンスクリット語で「濁った色」を意味する「カシャーヤ」という言葉に漢字をあてたものです。

もともと袈裟は、インドの仏教僧が身にまとっていたものです。

暑いインドでは袈裟1枚で生活していたようですが、寒い地域に仏教が伝わるにつれ、それだけでは寒さを防げないので、次第に下に法衣《ほうえ》をつけ、その上に袈裟をまとうようになったとされています。

右肩を出して、左肩にかけるような形で着用しますが、首からかけられるように、正式な袈裟を輪状に簡略化したものもあります。

袈裟は法要や大きな仏教行事などがあったさいに身につけるものですが、**禅宗の僧侶の場合、普段は作務衣《さむえ》と呼ばれる一種の作業着のようなものを着ています。**和服と洋服の中間のようなデザインで、とても着やすく、動きやすいものです。

宗派によって形はさまざまですが、法衣と袈裟をかけます。

お坊さんは、結婚してもいいのですか？

まず、結論からいうと、**日本のお坊さんは法律的には結婚してもいいことになっています。**私もしています。

また、公式に結婚を禁じている宗派もありません。ただし、個人的な意思や考えかたによって、あるいは縁に恵まれないという理由で結婚していない人もいます。

お坊さんが結婚してもいいかどうか疑問に思う人がいるということは、出家し、世俗から離れ、厳しい戒律に従いながら生活しているのがお坊さんであり、普通の人々のように結婚してはいけないのではないかという見かたがあるからかもしれません。

実際、東南アジアなどでは、いまでも仏教のお坊さんはほとんど結婚していません。日本でも、江戸時代までは、一部を除いてお坊さんが妻帯《さいたい》（結婚）することが禁じられていました。

しかし、**明治時代になると、政府によってお坊さんの結婚の禁止が解除された（正確にいえば、政府としてはそのようなことには関与しないことに決めた）ため、多くの宗派で僧侶の結婚が認められるようになりました。**

その背景としては、檀家さんにとって、お寺が安定して長く続いたほうが自分たちの葬儀や法事などを取り仕切ってもらったり、ご先祖さまの供養をしてもらうために都合がよいため、お寺の子どもをはじめとする関係者にお寺を世襲してもらいたいという要望があったからです。一般の人と同じように結婚し、子どもができ、その子どもがお寺を継げば、そのお寺は代々続いていきます。

さらに、もっと深い背景を探れば、日本における仏教のありかたも関係しているのかもしれません。

日本に伝わった仏教は大乗仏教と呼ばれるもので、自らの解脱だけをめざすのではなく、すべての大衆の苦しみを取り除くことが目的となっています。ですから、いたずらに一般の人々と違っていなければならないということに固執することはありませんでした。

出家や得度という形式を残しながらも、一般の人々と同じように結婚することは、人々を理解し、ともに仏の道を歩むための助けになるともいえるでしょう。

ちなみに、明治時代以前に妻帯《さいたい》していたお坊さんとしてよく知られているのが、浄土真宗の開祖として有名な親鸞《しんらん》です。

お坊さんは、肉や魚を食べないのですか？

2013年に「和食」が無形文化遺産に選ばれたというニュースを記憶している人もいるでしょう。無形文化遺産とは、国連機関のひとつ、ユネスコが世界的に貴重な文化遺産を選定するものですが、日本ではこれまで能楽《のうがく》、文楽《ぶんらく》、歌舞伎《かぶき》などが選ばれており、そのひとつとして日本の伝統的な食文化である和食が追加されました。

和食が無形文化遺産に選ばれたのは、「多様で新鮮な食材とその持ち味の尊重」「栄養バランスにすぐれた健康的な食生活」「自然の美しさや季節の移ろいの表現」「正月などの年中行事との密接な関わり」などが評価されたためです。

和食とひと口にいっても、それが意味するものはずいぶん広いのですが、その基本となっているもののひとつが「**精進《しょうじん》料理**」です。

精進料理とは、もともと仏教の戒律にのっとって作られるもので、肉や魚などの動物性の食材、ネギ類などの刺激の強い食材を使わないことが原則となっています。動物性の食材を使わないのは、不殺生戒《ふせっしょうかい》という仏教徒が守らなければいけない戒律があるからで、これは生きものを殺してはいけないということです。肉や魚を食べるのは、そのいのちを奪うことになるので禁止されています。

そのぶん、野菜が中心の料理になりますが、それをおいしく食べるための工夫が重ねられ、現在の和食につながるさまざまな素材や調理技術が開発されました。豆腐や納豆、味噌や醤油などは、精進料理とともに普及したものです。とくに禅宗が日本に入ってきたことで、鎌倉時代以降、日本では精進料理が発達しました。曹洞宗では開祖である道元禅師が、料理することや食べることを修行の一環として重要視しました。

そういうわけで、日本ではお坊さんは肉や魚を食べないのではないかと思われてきました。実際、専門道場などで修行をしているときは、基本的に精進料理を食べるので、肉や魚は食べません。**ただし、檀家さんなどからいただいたときは、そのかぎりではありません。いただいたものは自分たちのいのちを支えてくれるありがたいものとして、すべて残さず食べるというのも大切な修行のひとつです。**

修行が終わってしまえば、食べものに関して特別に厳しく制限されることはありません。**一般家庭と同じように、お坊さんも肉や魚を食べます。**もちろん、なかには菜食中心の食事をしているお坊さんもいます。

修行中のお坊さんの１日

お寺の朝はすごく早い

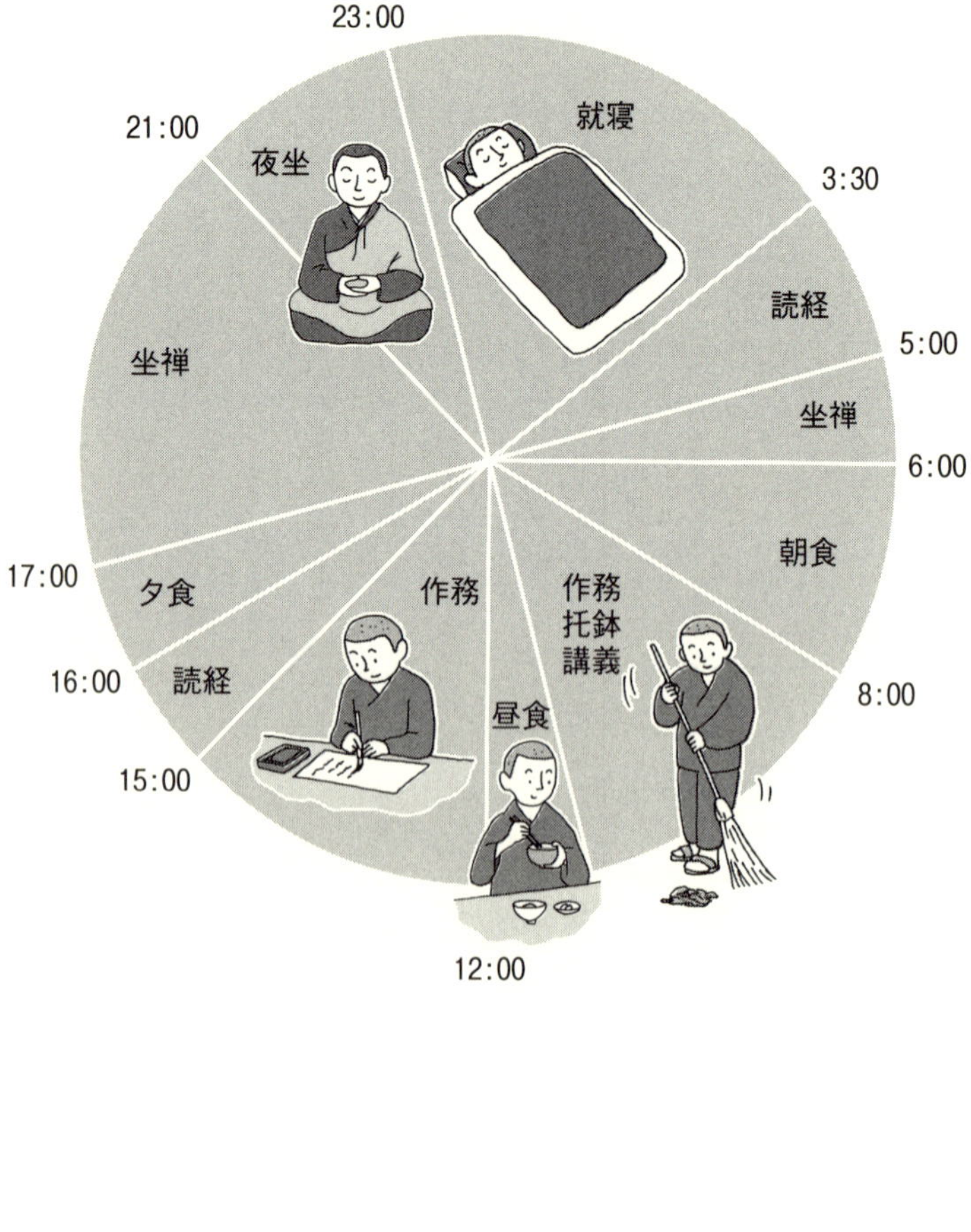
23:00
就寝
3:30
読経
5:00
坐禅
6:00
朝食
8:00
作務
托鉢
講義
昼食
12:00
作務
15:00
読経
16:00
夕食
17:00
坐禅
21:00
夜坐

第11章

お坊さんになるためにはどんな修行が必要なのか

専門道場では、どのような修行をしますか？

臨済宗の場合、日本全国に約40か所の専門道場と呼ばれる修行のためのお寺があります。師匠につき、得度を済ませた僧侶（といっても、まだヒナのような存在ですが）は、そのいずれかの専門道場に入り、雲水として本格的な修行を積まなければなりません。修行期間はとくに定められていませんが、**最低でも3年くらいは修行しないと禅宗の僧侶としての基本が身につきません。**

私は大学卒業後に、静岡県三島市にある龍澤《りゅうたく》寺という専門道場に入山しました。途中、父親が死去したこともあり、父が住職を勤める寺を継ぐためにいったん東京に戻り、その後、再び道場に戻って修行を続けました。合計すると、10年間、専門道場で修行を積んだことになります。

道場によって多少の違いはありますが、修行中の一日は、おおむね以下のような流れになります。3時半ごろに起床して本堂でお経を読み、禅堂で坐禅を組みます。朝ごはんのおかゆを食べ、お堂の掃除が終わると、だいたい8時ごろになります。

その後、境内の掃除や庭仕事、畑仕事、まき割りなど、作務と呼ばれるさまざまな作業を行います。また、日によっては、お寺の外へ托鉢《たくはつ》に出たり、師家《しけ》と呼ばれる道場での師匠による講義があったりします。昼ごはんは11時ごろで、だいたいごはん、味噌汁、野菜の煮物などの一汁一菜と決まっています。食後に少し休憩をして、また夕方まで作務を行います。

3時ごろから本堂でお経を読んだあと、夕ごはんを食べます。この夕ごはんを「薬石《やくせき》」といいますが、これは肉体を養うための薬という意味です。その後、再び禅堂での坐禅があり、消灯は9時ごろになります。ただし、9時すぎにすぐに寝る人はいません。めいめいが禅堂の外に出て、思い思いの場所で、夜坐《やざ》と呼ばれる坐禅を行います。ですから実際に就寝するのは、だいたい11時前後になります。

この間、なにをするにもテキパキと次の行動に移らなくてはいけません。雑談も許されません。原則、道場では、仲間の雲水と雑談をしてはいけないことになっています。次は何をするという知らせも、すべて当番が木の板をたたいたり、鈴を振ったり、さまざまな鳴らし物で合図します。修行僧は、その音に従って行動します。専門道場での修行はきわめて厳しいものです。

朝3時半に起き、読経、坐禅、作務などを毎日行います。

専門道場での修行で大切なことはなんですか？

臨済宗の専門道場では、「坐禅」「読経《どきょう》」「作務」が修行の中心です。

ただし、修行と思えばすべてが修行であり、寝たり起きたりするような日常生活のすべてが修行につながります。とはいえ、やはり**禅宗ですから、坐禅が基本中の基本ということになります。**

道場での修行中の坐禅では、朝と夕方の坐禅のときに、「**参禅**《さんぜん》」が行われます。

これは坐禅の途中で修行僧が一人ずつ師家《しけ》の部屋に行き、そこで師家から与えられていた「**公案**《こうあん》」という問題に対する答え（見解《けんげ》といいます）を述べることです。

いわば、師匠と修行僧がマンツーマンで行う修行であり、一般的には「**禅問答**《ぜんもんどう》」という言葉で知られています。

ここで師家が納得したら、次の公案が与えられます。納得してもらえなかったら、次の参禅までに、また答えを見出さなければなりません。こうして、師家に納得してもらうまで何度でも同じことを繰り返します。

臨済宗の参禅では「**無字三年**」という言葉が知られていますが、これは参禅の最初の公案としてよく用いられる「趙州《じょうしゅう》無字」という問題にパスするようになるまでに3年かかるということです。たったひとつの問題に答えるために3年も考え続けるなんて、想像できるでしょうか。

なぜ、それほど参禅にこだわるのでしょうか。それは、臨済宗の坐禅は「看話禅《かんなぜん》」といわれ、公案について深く全身で理解を深めることで、悟りを得ることを目的としているためです。

坐禅は毎日行うものですが、さらに坐禅修行の強化週間ともいえる「接心《ぜっしん》」と呼ばれるものが龍澤寺では年8回あります。これは一週間にわたって作務や托鉢などを行わず、一日中ひたすら坐禅を行うものです。この接心になると、参禅も一日に5回くらいに増えます（龍澤寺では接心中も朝晩2回）。雲水たちにとっては、かなり大変なことです。

それよりさらに厳しいのが、12月1日から8日の早朝にかけて行われる「臘八《ろうはつ》大接心」です。これはお釈迦さまが12月1日に坐禅に入られ、8日の暁《あかつき》の空に光る明星《みょうじょう》を見て悟りを開かれたという故事にちなむもので、朝の3時に起きてから真夜中過ぎまで、食事や講義以外の時間は、ほぼ一日中、坐禅が続きます。

公案とは、どのようなものなのですか？

公案とは簡単にいってしまえば、**禅宗の修行僧が悟りを開くために与えられる課題のようなものです。**いにしえの偉いお坊さんたちが話したことや行ったことを参考にして作成されたものが多く、それと全身全霊で向きあうことで、悟りに至るための工夫が凝らされています。

数多くの公案がありますが、よく知られたものでは、江戸時代の中期に活躍した高名な禅僧の白隠禅師が作ったとされている「**隻手**《せきしゅ》**の声**」（隻手音声《おんじょう》）」という公案があります。これは「両手を打ったときに音がするが、では片手の音はどんな音か」というものです。

また、中国の趙州という和尚さんが「犬にも仏性があるか」と問われたのに対して、「無」と答えたのはなぜかという「**狗子仏性**《くしぶっしょう》」という公案、同じく趙州和尚が「達磨《だるま》大師《だいし》がインドから中国にはるばるやってきたのはなんのためか」と問われたのに対し、「庭前にある柏の木」と答えた「**庭前柏樹**《ていぜんはくじゅ》」という公案も、よく知られたものです。

中国の宋の時代には、このような公案を集めた公案集が何冊も作られました。その中でも有名なものに、**『無門関《むもんかん》』『碧巌録《へきがんろく》』『従容録《しょうようろく》』**などがあります。

実は、公案には、1＋1＝2のような正解というものはありません。正解のない問題に対して答えを出さなければいけないのが禅問答の特徴です。

「そんな無茶な」と思われるかもしれませんが、よくよく考えてみれば、私たちの人生や仕事も明確な答えがないものです。しかし、その場、その場でなんらかの答えを出していかなければなりません。

でも、その答えは、たまたまその場で苦しまぎれに出したものであって、本当のというか、究極的な意味での答えではありません。そもそも答えがないかもしれない問題にとりあえずの答えを出すことで、人間はその問題を解決したような気分になります。そうならないようにするために、**正解のない問題を考え続けさせるのが公案や禅問答の目的のひとつだと思います。**

みなさんが学校で学ぶような教科には必ずといっていいほど答えがあると思いますが、人が生きていくうえでは正解が出ない問題があります。その正解がないものを自分で考え続ける覚悟が大切だということを修行僧に理解させる、体得させる、つまり悟らせるためにあるのが、公案を使った禅問答だと思います。

悟りを開くために師匠から与えられる課題です。

なんのために坐禅をするのですか？

なんのためでもありません。**坐禅とは本来、何かのためにするものではなく、逆に何も求めないためにするものだといえるでしょう。**

とはいえ、それではわかりにくいでしょうから、あえて答えらしいものを考えてみましょう。

禅宗ではよく、「**青山元《せいざんもと》不《ふ》動《どう》、白雲《はくうん》自《おのずから》去来《きょらいす》**」といいます。青山とは樹木が青く生い茂った山のことで、それを自分の本心とか本性、つまり本当の自分にたとえます。それに対して、その山の周囲に漂っている白雲を自分の煩悩や妄想、もっとわかりやすくいえば、好きとか、嫌いとか、欲しいとか、いらないとか、自慢とか、嫉妬とか、そのときどきの日常で私たちの心に浮かんでくる思いにたとえます。

日ごろ、私たちは、その白雲に振り回されて生きているといってもいいでしょう。これさえ手に入れば満足だと思っていても、それを手に入れたら、また欲しいものが出てくるし、あるいは欲しいものを手に入れてみたら、「なんだ、こんなものか」と不満に思うこともあります。

そのように白雲に振り回されている自分を本当の自分だと思っています。

しかし、そうではありません。そんなものは山の周囲を勝手に漂っている雲みたいなものので、その雲がさまざまに姿を変えることで山の姿も違って見えるのですが、その雲を取り去ったところに、もともとの青山、すなわちなにものにも動じない本当の自分自身があるのです。

「ハッと我に返る」とか、「夢から覚めたように」という表現がありますが、さまざまな煩悩や妄想によって本当の自分ではない状態、夢の中にいるような状態になっていたものを、それらを取り去ることで本当の自分自身を発見する、本当の自分自身に気づくのが、坐禅をする目的といえるでしょう。

坐禅とは、そのように自己の究明に徹することです。

せわしない日常を送っている私たちは、自分を見つめる時間を持つことがほとんどありません。いちばんわかっているようで、実はいちばんわからないのが自分自身なのではないでしょうか。心を落ち着けて自分自身と向き合うことが、坐禅の究極の目的かもしれません。

本来の自分自身に気づくのが坐禅の目的です。

坐禅は、どのようにして始まったのですか？

詳しいことはわかりませんが、おそらくもともとはヨガ（ヨーガ）のようなものだったのではないでしょうか。ヨガとは、古代インドを発祥とする宗教的な心身の修行法です。森などに入り、静かに坐って精神を統一し、輪廻《りんね》転生《てんしょう》からの解脱《げだつ》をはかるために行われていたようです。インダス文明の遺跡などからは、神さまが坐禅をしているような彫像も見つかっています。

そうしたヨガの修行が仏教に取り入れられ、やがて中国や日本に伝えられるなかで、禅宗を中心に坐禅として形を整えていったのではないかと思われます。仏教の開祖であるお釈迦さまもヨガを学んだとされています。

本来のヨガは、バラモン教、ヒンズー教、仏教など、インドを発祥とするさまざまな宗教と深く結びついていたものですが、おそらくどのような宗教、宗派であれ、静かに坐って祈る時間というものは必ずあると思います。そういう意味では、**ヨガに限らず坐禅も、どこの誰が始めたという明確なものはなく、人間の自然現象のようなものとして始まったと考えても間違いはないでしょう。**

われわれ禅宗の場合は、**お釈迦さまが菩提樹の下で坐禅をすることで悟りを開かれたというところから、お釈迦さまと同じ体験をしようということで坐禅を行います。**おそらく、いま日本で見られるような坐禅のスタイルは、禅宗が日本に入ってきてから日本人が整理し、作り上げてきたものだと思います。

ちなみに、坐禅は英語で**Zen meditation**（ゼン・メディテーション）といいます。メディテーションとは瞑想《めいそう》のことですが、精神統一して静かに坐るということでは、坐禅も瞑想の一種といえるかもしれません。しかし、一般的にいえば、瞑想というのはイメージトレーニングに近いものではないかと思われます。あるイメージを頭の中に思い浮かべ、それに集中していくという感じです。スポーツのイメージトレーニングなどがまさにその例で、自分がすばらしいパフォーマンスをしているイメージや、勝利したイメージを頭に思い浮かべ、そこへ没入していきます。

それに対して坐禅は、いま、この瞬間に集中するトレーニングなので、イメージを思い浮かべる瞑想とは違うという気がします。ただ、厳密に区分できるかどうかはわかりません。

自然現象のひとつとして始まったと思われます。

坐禅のときに気をつけることは、なんですか？

できれば最初は、**どこか坐禅会をやっているようなところへ行って、そこで坐禅のやりかたを習ったほうがいいと思います。**坐禅のやりかたを書いた本やＤＶＤが出ているほか、ネットに坐禅の動画などがアップされていますが、**まずはきちんとした指導を受けることをおすすめします。**

そのうえでのことですが、坐禅のポイントは「**調身**《ちょうしん》・**調息**《ちょうそく》・**調心**《ちょうしん》」という三つの言葉に象徴されています。この場合の「調」とは調べることではなく、調《ととの》えるということです。

つまり、身体（姿勢）を調え、呼吸を調え、心を調えるということです。

この三つのうち、**坐禅で最終的にめざすものは調心、心を調えることです。**しかし、心というものには姿もなければ、形もありません。いきなり心を調えるといっても、それは雲をつかむような話です。

ところが、人間の身体と心というものはとても密接に関係しています。たとえば、あなたは緊張してくると、ドキドキしてきませんか？　ドキドキしてくるということは、それだけ呼吸も速くなっているということです。心臓の鼓動を自分でコントロールすることは

ほとんど不可能ですから、まず自分の意思でできること、つまり**姿勢を調え、呼吸を調えることで、最終的に心を調えるというのが坐禅の方法です。**

姿勢を調えるには、丹田《たんでん》（おへその下あたり）に重心を感じて、腰をどっしりと落ち着け、背筋を伸ばすようにして座るのがポイントです。

呼吸は、鼻から吸って、鼻から吐くのが基本です。息を吸うときには自然と重心が上に上がってきて、体が緊張してきます。その緊張を、息を吐くことでリラックスさせます。人間の身体には酸素が必要ですから、とくになにも考えなくても息を吸います。**意識するのは、息を吐くときです。できれば細く、長くなるように息を吐きます。**この呼吸法は坐禅をする、しないにかかわらず、普段から心がけたいものです。緊張したときなど、この呼吸法ができれば、自然と緊張がやわらいできます。

なお、私たち臨済宗の場合は、坐禅をするときに向かいがわの人と対面で、室内のほうを向いて行います。曹洞宗の場合は、壁に向かって行います。どうしてそのような違いが出てきたのか、詳しいことはよくわかりませんが、おそらく曹洞宗の場合は、禅宗の開祖である達磨大師が壁に向かって坐禅をしたということにちなんでいるのだと思います。

1回の坐禅は、どのくらいの長さですか?

正式にいえば、坐禅の回数は1回、2回ではなく、1炷《しゅ》、2炷と数えます。1炷とは、お線香1本が燃え尽きる時間です。

修行道場などではこの1炷が、だいたい40分です。

ただし、坐禅の初心者にとっては、この1炷は長すぎるかもしれません。

私のお寺でも一般の方向けに坐禅会をやっていますが、1炷あたり20分を基本にしています。人によって、それを2炷、3炷と繰り返します。

坐禅をすると、最初は足がしびれてどうしようもないという人がほとんどですが、続けているうちにだんだんとしびれなくなってきます。

人間は続けているうちに身体的には慣れてくるものですが、心のほうはそう簡単にはいきません。

心を調えようというしっかりとした気持ちを持って坐禅をしないと、5年やろうが、10年やろうが、なんにもなりません。

ですから、坐禅で足がしびれなくなったからといって、それで修行が進んだということではありません。

坐禅は、うまくできないと棒のようなもので背中を叩かれるというイメージを持っている方がいます。あの細長い板のようなものは警策といいます。臨済宗では「けいさく」、曹洞宗では「きょうさく」と読みますが、あれは坐禅中に動いたことに対する罰則ではありません。

原則としては、眠くなってきた人、集中できなくなってきた人などが、自分で合図をしてたたいていただくものです。たたくほうも、「がんばってください」という激励の気持ちを込めてたたきます。たたかれるのではなく、たたいていただくというほうが正確でしょう。

また、警策を持った人がそばで見ているということは、その場の緊張感を保たせる効果もあります。

いつごろから警策で背中を打つようになったのかはわかりません。ですが、中国の禅宗のほうでも同じようなことをしているようですから、それなりに歴史があるものだと思います。

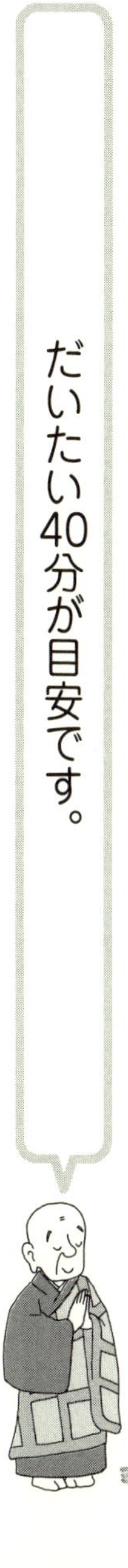

坐禅中に、余計なことが頭に浮かびませんか？

当然のことですが、人間は生きていれば、どんなときでもいろいろなことを考えてしまうものです。

頭に浮かんでくることを止めることはできません。むしろ、まったく何も考えないということは不可能ではないでしょうか。それは坐禅をしているときでも同じですし、どんなに修行を積んだ人でも変わりません。

そのように、ふっと頭に浮かんでくるものを、私たちは「**念**《ねん》」と呼んでいます。

念というのはおもしろい字で、今の心と書きます。瞬間的に念が浮かんでくること自体には、いいも悪いもありません。極端なことをいえば、「あいつのこと、大きらい」とか、「あいつを殺したい」という念が浮かんできたとしても、それ自体はどうすることもできません。

大切なのは、その念をつながないことです。念をつないでしまうと、その念に自分が取りつかれてしまって、どんどんおかしげな方向に行ってしまいます。念に取りつかれてしまうと、山が雲に隠されるように、自分自身を見失ってしまいます。

たとえば、「お腹がすいた」という念が浮かんでくると、つい「何か食べたいな」、「カレーにしようか、うどんにしようか」と、想像や連想が際限なくつながっていき、そのことばかり考えてしまいます。

坐禅のときは、「お腹がすいた」という念が浮かんできても、それをその瞬間で止めてしまって、そこから先へ念をつながないことです。念が浮かんでも、それを吐く息とともにパッと振り捨てることが大切です。

浮かぶ、捨てる、浮かぶ、捨てる……と繰り返して、そのつど念がつながらないようにします。念も一瞬であれば、問題はありません。

ですから、**坐禅は考えることを止める練習**だということもできます。

私たちは発達した脳を持つ人間の習性として、どうしても考えてしまいます。より正確にいえば、つい浮かんできた思い（念）にとらわれてしまいます。なかには、何年も前の思いを忘れることができない、断ち切ることができないという人がいると思いますが、そうした思いも、**浮かんできたらその場、その瞬間で捨てればいいのです。その思いに、それ以上、関わらない**ということが大切です。

やはり浮かびますが、それをつながないことです。

修行中に叱られることは、いやではないですか？

専門道場での修行は、文字通り、叱られっぱなしの毎日です。「箸《はし》が転んでもおかしい年ごろ」という表現がありますが、修行中の雲水は「箸が転んでも叱られる」日々をすごします。朝から晩まで、こんなことで叱られるのかというくらい、徹底的に叱られます。**叱られておもしろい人はいないと思いますが、なぜ、叱られるのか、その奥にあるものを考えなくてはいけません。**

人によりますが、専門道場での修行はだいたい3年くらいです。その期間は、道場では師匠からお弟子さんをあずかっていることになります。

その3年間で一人前とはいわないまでも、せめて半人前の僧侶になって帰ってきてもらいたいという思いで、師匠は弟子を道場へ修行に送り出します。それがわかっているから、道場で指導にあたる師僧や先輩僧侶たちが真剣になって修行僧を叱るのです。

叱ることには、かなりのエネルギーが必要です。リスクもあります。自分以外のことにエネルギーを使わなければいけないし、叱ったことで逆にうらまれるかもしれません。ある意味、割に合わないことです。

できるなら叱らないほうがいい。適当にほめておいたほうが、どれだけ楽かわかりません。でも、それでは一人前の僧侶が育ちません。

最近は、子どもでも新入社員でも、ほめて伸ばすということが盛んにいわれています。しかし、**ほめるだけでは人間は成長しないと思います。**

たとえば、いい森を育てようと思ったら、間伐《かんばつ》したり、剪定《せんてい》したりする必要があります。伸び放題にしていたら、いい木にはなりません。まして、欲に目がくらんだり、自分に都合のいいことばかり考えている人間は、ほめるだけで伸びるとは思いません。

私は専門道場に修行に行かされるときに、師匠でもある父から、「ほめられるようになったら帰ってこい」といわれました。言葉だけを聞いていると、いいことのように思えるかもしれません。

でも、**道場でほめられるのは一人前になったからではなく、こいつは叱ってもどうにもならない人間だと見放されることなのです。**

叱られた、ほめられたと一喜一憂するのではなく、その奥にあるものをきちんと見つめられる人になってほしいと思います。

叱られるよりも、叱られないほうが恐いのです。

坐禅の作法

1回40分が目安！

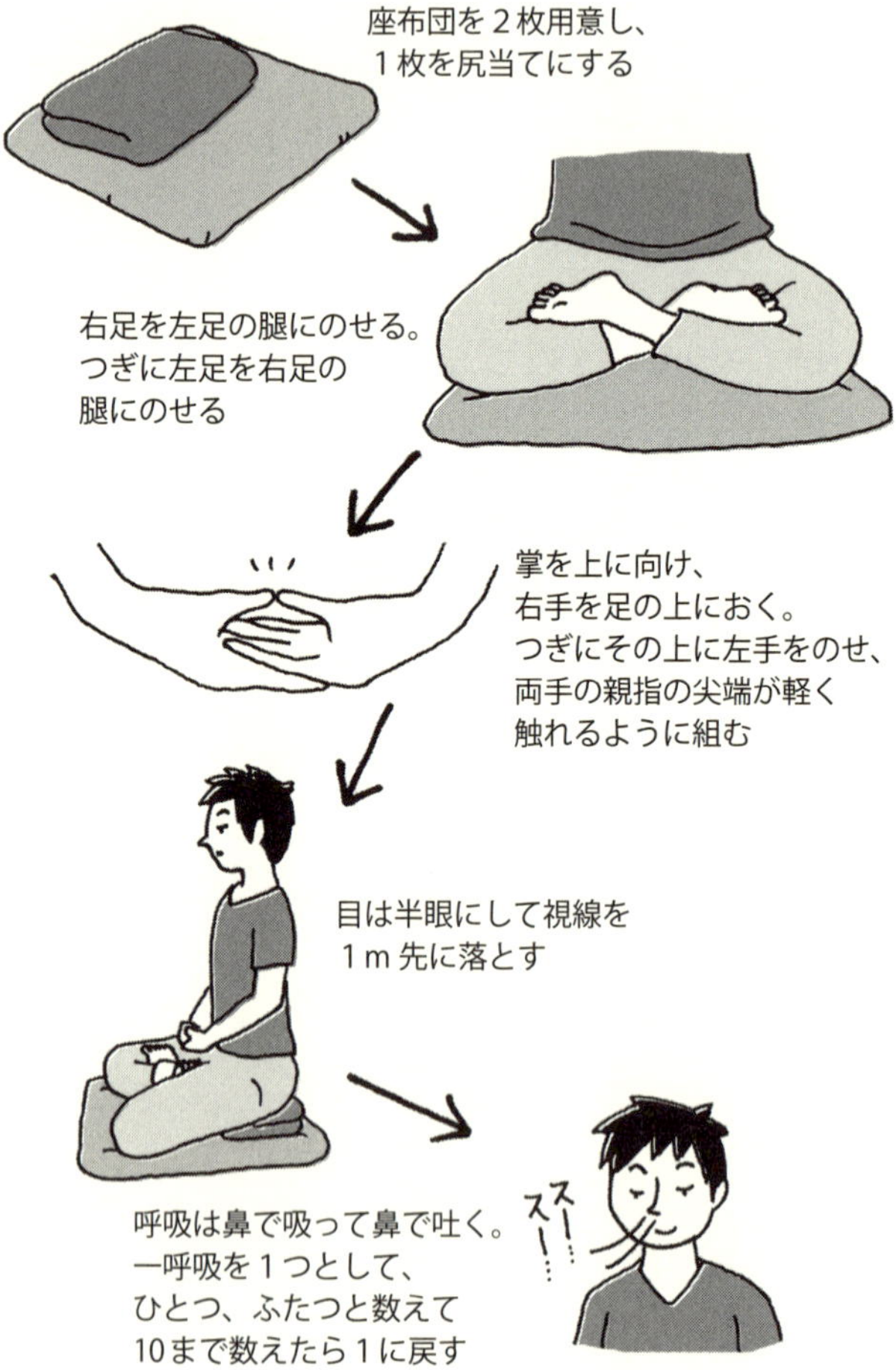
座布団を２枚用意し、
１枚を尻当てにする
右足を左足の腿にのせる。
つぎに左足を右足の
腿にのせる
掌を上に向け、
右手を足の上におく。
つぎにその上に左手をのせ、
両手の親指の尖端が軽く
触れるように組む
目は半眼にして視線を
１m 先に落とす
呼吸は鼻で吸って鼻で吐く。
一呼吸を１つとして、
ひとつ、ふたつと数えて
10まで数えたら１に戻す
スー…
スー…

おわりに
静かに考える時間を持ちなさい

修行するほどにわからないことが増える

いま、自分が13歳のころに何を考えていたのか、振り返っています。

毎日、学校に通い、ときどきはこの寺の住職であった父の手伝いをしていました。そのときどきで、きっといろいろなことを感じ、考え、悩んでいたのだと思いますが、その中身について具体的になにかを思い出すということは難しいものです。

しかし、その当時、疑問に感じていたことをすべて解決できたのかと問われたら、「いいえ」と答えざるをえないでしょう。それは私自身の修行が足りないせいでもありますが、どんなに宗教的な修行を積んだ人でも、それは同じだと思います。いや、**むしろ修行を積めば積むほど、わからないことが増えてくるともいえます。**

なにかがわかるということは、わからないなにかが新たに生じてくるということでもあります。

ひとつ確実にいえることは、世の中には決して答えが出ない問題があるということです。というか、答えが出ない問題だらけなのです。ただそれをわかったつもりになっているだけかもしれません。

13歳という年ごろは、世の中や社会に対して、さまざまな興味や疑問がわいてくる時期です。また、世の中や社会との関係で、自分がどういう存在なのか、自分なりに思い悩む時期でもあります。自分が何をやりたいのか、やりたくないのか、どんな学校に進学し、どんな職業につくのか、自分の将来の可能性について考えるようにもなります。

便利だから幸せとは限らない

むかしといまとでは全然違うという人がいますが、**私が13歳だったころと、いまの13歳の人たちを比べて、本質的にはそれほど変わっていないと思います。**５００万年とも、６００万年ともいわれている人類の長い歴史からすれば、たかだか50年や１００年で、人間はそう変われるものではありません。

しかし、環境ということではたしかに変わりました。自然環境はもちろんですが、ここ

20、30年で私たちを取り巻く社会環境は大きく変わったといえます。**そのいちばんの変化は、情報化社会になったということです。**いわゆるITの登場によって、私たちは瞬時にぼう大な情報に触れることができるようになったし、人と人のコミュニケーション手段も様変わりしました。

ITによって、私たちの生活が便利になったことは否定できません。しかし、それによって本当に人間が幸せになったのかどうかはわかりません。それは、誰かが答えを出してくれるものではなく、いま生きている人たちが、それぞれの生活の中で考えていかなければいけない問題です。当然、いま生きている人たちの中には、いま13歳のみなさん、そしてかつて13歳だったみなさんも含まれます。

主体性を持った生き方を

その意味で、私がみなさんにいちばんいいたいことは、ときどきで結構ですので、「**静かに考える時間を持ちなさい**」ということです。

スマートフォンやパソコンで情報に触れている時間が、生活の中でかなりのウエイトを占めているという人は少なくないと思います。あるいは、テレビを見たり、音楽を聞いたり、ゲームをしたり、友だちとラインをしたり……と、一日の中で一人で静かに考える時間はほとんどないと思います。

情報に触れている時間というものは、ただ情報を浴びているだけで、自分自身ではほとんど考えていない時間だといえます。自分で思考しないということは、結果的にその情報を発信している側の価値観に引きずられて生きていることを意味します。

この本の中で、「**随処に主となれ**」という言葉を紹介しましたが、これは**いついかなる場合であっても、主体性を持って生きろということです。**そうすれば、どんな状況に巻き込まれたり、どんな環境に置かれたとしても、それに惑わされたり、翻弄《ほんろう》されたりすることなく、真実をとらえることができるということです。

自分で考えるクセをつける

人間というものは、自分自身のことを含め、ものごとについて静かに考える時間がないと、自己崩壊してしまいます。そもそも自分が、いったいどこの誰なのか、それすらわからなくなる可能性があります。情報化が進むということの半面には、実はそういう問題があるのです。

私たちが話していることのうち、はたしてどこまでが本当に自分の言葉として話していることなのか考えてみてください。

もしかしたら、それは単なる情報の受け売りなのではないか、ある人がテレビで話していたこと、本に書いてあったこと、ラインやブログで発信されたことを、何となく自分の意見や言葉のように錯覚しているだけではないのか……。

そうしたことを続けていくと、自分で考えることをどんどんしなくなるし、いったい誰の人生を生きているのか、自分でもわからなくなってきます。

13歳ぐらいになったら、自分できちんとものごとを考えていかなければいけないと思います。

自分で主体的に考え、自分で判断していく癖をつけないと、大人になっても自分で考えられない人間、判断できない人間になってしまうし、いつまでも自立できない人間になってしまいます。

考えるだけでなく、感じてみる

もうひとつ、最近の若い人たちを見ていて感じるのは、人間もまた動物という生物の一種であることを忘れてしまっているのではないかということです。これは、若い人に限ったことではありません。**生物として生存していくための感性や感覚が、むかしの人に比べて明らかに鈍くなってきているように感じるのです。**

自分で考えることと並んで、自分で感じることも大切なことです。自分で見たり、聞いたり、触ったりして、ものごとを感じる力というものが、いま非常に薄れてきているのではないかと思います。ものごとを前にしたときに、自分の感覚や感性に頼るのではなく、まずそれについての情報を判断の基準にしてしまっています。

感じる力をつけるには、自分の体を使うことです。自分で行動し、いろいろなものを見て、いろいろな人に話を聞き、そのうえで自分の頭を使って考えることです。禅の世界では、「**冷暖自知**《れいだんじち》」という言葉がよく聞かれます。悟りというものは、自分で体得するしかないことをいっているのですが、目の前の器に水が入っていて、それがどの程度、冷たいのか、暖かいのかは、いくら人にいわれたからといってわかりません。自分で飲んだり、指を入れてみるしかないのです。

まずは、自分の体を使うこと、体を動かすこと。そうやって、ものごとを感じる機会を少しでも増やしてほしいと思います。

２０１６年１月

東京・谷中　全生庵《ぜんしょうあん》住職　平井正修《ひらいしょうしゅう》

【著者紹介】

平井正修（ひらい　しょうしゅう）

1990年学習院大学法学部政治学科卒業。1990年静岡県三島市龍澤寺専門道場入山。2001年同道場下山。2003年より中曽根元首相や安倍首相などが参禅する全生庵の第七世住職に就任。全生庵にて坐禅会、写経会を開催。
著書に、『最後のサムライ　山岡鐵舟』（教育評論社）、『囚われない練習』（宝島社）、『力まない』（サンマーク出版）、『「見えないもの」を大切に生きる。』、『心がみるみる晴れる　坐禅のすすめ』（以上、幻冬舎）などがある。

13歳からの仏教塾

二〇一六年二月二十四日　第一刷発行

著　者＝平井《ひらい》正修《しょうしゅう》
発行者＝下村のぶ子
発行所＝株式会社　海竜社
東京都中央区明石町十一の十五　〒一〇四—〇〇四四
電　話（〇三）三五四二—九六七一（代表）
ＦＡＸ（〇三）三五四一—五四八四
郵便振替口座＝〇〇一一〇—九—四四八八六
ホームページ＝http://www.kairyusha.co.jp
本文組版＝株式会社キャップス
印刷・製本所＝シナノ印刷株式会社

ISBN978-4-7593-1474-8　C2076